MW00412014

Ansias de Su Presencia

"Tener a Jesús es el ansia mayor del corazón, el deseo real por excelencia que, en contraste con otros anhelos, éstos resultan insignificantes ante su arrobadora presencia. No permitas que este anhelo superior quede insatisfecho; experiméntalo y vívelo al máximo de tus fuerzas mentales."

—Manuel Fernández

Ansias de su Presencia

¡Donde son satisfechos los deseos del corazón!

"Mi alma tiene sed de Dios, del Dios vivo. ¿Cuándo vendré, y me presentaré delante de Dios?"
(Salmos 42:2)

MANUEL FERNANDEZ

ANSIAS DE SU PRESENCIA

Copyright © 1996 por Manuel Fernández
Derechos reservados

2da edición revisada, 2019

Se prohíbe la reproducción total o parcial de esta obra sin el permiso previo y por escrito del autor.

Diseño de la portada: Manuel Fernández
Diagramación interna: Manuel Fernández
Fotografía del autor: Michele Huarte Fernández (mi nuera)

Las referencias bíblicas han sido tomadas de la Antigua Versión de Casiodoro de Reina (1569), revisión de 1960.

Lo enfatizado por medio de *cursivas* o **negritas** solo refleja la intención del autor de hacer resaltar algún pensamiento fundamental.

Distribuido por:
Manuel Fernández
1218 Cressford Place
Brandon, FL 33511

Correo electrónico: jesus1888@juno.com

Para información de cómo ordenar este libro, véase la última página.

EL LIBRO CON UNA MISIÓN DIVINA: Todos los fondos recibidos por medio de este libro serán utilizados exclusivamente para ayudar a estudiantes necesitados de nuestra américa latina, que desean prepararse para servir en la obra de Cristo.

Impreso y encuadernado por Amazon Kindle
Categoría: Devocional Cristocéntrica

Printed in USA, Kindle Direct Publishing
ISBN: 9781074523749

CONTENIDO

DEDICATORIA

A CRISTO JESÚS

Mi Salvador, Señor de mi vida
y Amigo especial

RECONOCIMIENTO

Con gratitud a mi familia y a algunos amigos especiales, a quienes Dios puso en el camino de mi vida y quienes han hecho posible este libro:

María Elisa, mi esposa - Por su motivación y sugerencias.
Claribel, Melissa y Amner, mis hijos - Por refrescar y enriquecer mi vida con alegría y tranquilidad de espíritu.
Ana y Germán Fernández, mis padres - Por sembrar en mi corazón la semilla del evangelio.
Paul Suliveras e Ismael Medina - Por introducirme a la literatura devocional.
Alma Quiles - Por haberme inspirado constantemente a estudiar la justicia de Cristo.
José Daniel Jiménez - Por revisar el manuscrito y hacer sugerencias muy iluminadoras.
Nelson Bernal - Por sus pensamientos precisos sobre la fe Cristocéntrica.
César Perea - Por su ayuda en la expresión del idioma español.
Chary Torres - Por su desinteresado asesoramiento.
Aurora Chávez - Por asesorar en la redacción.
Pastor Wilfredo Lacayo - Por su amistad y sugerencias.
A mis iglesias del Northwest y Miami Beach - Por su fe sencilla y su apoyo pastoral.

"MUCHAS GRACIAS"

PREFACIO

Apreciado lector: Si este libro ha llegado a tus manos no ha sido por pura casualidad. Te aseguro que estaba dentro del plan de Dios para ti en este instante. Ha sido preparado con el propósito de expresar conceptos de *valor eterno;* no es un ensayo escolástico, ni académico, sino más bien es una obra devocional. La literatura devocional se caracteriza por ser reflexiones del corazón, usando como fuente lo que se ha leído y experimentado en el caminar de la vida espiritual. Esta clase de material se propone penetrar el alma con aplicaciones de iluminación y transformación interna solamente; no tiene el propósito de presentar dogmas doctrinales o establecer guías de moral exterior.

Las lecturas de inspiración son básicas para enriquecer y fortalecer el alma. Y son las que más necesitamos hoy día. Estas reflexiones que tienes en tus manos nacen de un cristiano que, al igual que tú, tiene necesidad de Dios y de Jesucristo. Han surgido de mi meditación, permitiendo que mi alma saque de su interior los sentimientos básicos de la fe cristiana; y las considero como un regalo de la gracia de Cristo.

Mediante ellas expreso doce deseos que, a mi parecer, dicen lo que la Palabra de Dios recomienda que experimentemos y vivamos como cristianos. Ellos manifiestan los anhelos más profundos de mi corazón, que están escondidos en el sentir del salmista, cuando dijo:

> "*Sean gratos los dichos de mi boca y la meditación de mi corazón delante de ti, oh Jehová, roca mía, y* ***Redentor mío***" (Salmos 19:14).

Quiero darte la bienvenida al mundo de la lectura devocional Cristocéntrica. Mi oración es que a través de este esfuerzo literario, tú le permitas a Dios encender en tu corazón la chispa del deseo, que tenga su **comienzo y fin en Jesucristo**, el Salvador y Señor de la vida. Que Dios ilumine e inspire siempre tu interior, así como lo ha hecho conmigo a través de la hermosura de las Sagradas Escrituras, las lecturas devocionales, y la dirección de su Espíritu.

Manuel Fernández
Pastor
Miami, Florida

Capítulo 1

¡QUIERO!

"Mi alma tiene sed de Dios, del Dios vivo. ¿Cuándo vendré, y me presentaré delante de Dios?"
(Salmos 42:2)

Así como los planetas giran alrededor del sol, debiéramos también nosotros girar alrededor del **Sol de la vida: Jesucristo.** Él es quien pone en órbita nuestro ser, le da luz a nuestra existencia y la sostiene con su poder divino. Pero hoy parece estar apagándose en los corazones esta comprensión y vivencia de fe. El mal está sacando al hombre de su órbita divina *en Cristo* y lo está tirando al espacio caótico, como un cometa sin rumbo, que se fuera apagando mientras sigue su curso de acción dislocada. En su empeño de arreglar su condición desesperada, el ser humano se ha lanzado a buscar soluciones en los análisis sociales, psicológicos y religiosos, ignorando desafortunadamente lo que es más importante: **Jesucristo.** Aunque su nombre es conocido, su persona, por el contrario, es muy extraña para muchos.

Hasta el cristianismo postmoderno se ha convertido en un cristianismo sin Cristo. Parece ser que su Persona se ha perdido de vista detrás de las paredes de las iglesias, y hasta dentro de los análisis bíblicos. Cristo ha llegado a ser una opción en el pensamiento de muchos, y el resultado ha sido trágico para la sociedad, para la iglesia cristiana y particularmente para el corazón humano. La familia, el vínculo más íntimo de la sociedad, está demasiado quebrantada. La iglesia se encuentra desorientada y paralizada en su misión redentora. Los corazones están prisioneros de la inseguridad, el temor, la confusión y la incredulidad, y prácticamente se encuentran en un estado de emergencia, necesitando un cuidado intensivo.

Es dentro de este contexto que surge la necesidad urgente de enfocar de nuevo nuestras mejores energías mentales hacia la contemplación de Jesucristo, la **Luz del mundo** (Juan 8:12). Ni las filosofías humanas, como las ciencias sociales, y especialmente la psicología, están ofreciendo la solución a las necesidades básicas del corazón humano, porque enfocan sus respuestas basadas en los mismos estudios hechos de los seres humanos. Los estudios de los hombres y sobre los mismos hombres, aunque considerados altamente científicos, dejan a los corazones solitarios, desesperados, desconcertados, en ruina, decadentes y vacíos. **Realmente la educación académica informa, pero no transforma.** No existe arrogancia más humana que la de pensar que el hombre puede por sí mismo solucionar todos los problemas de su corazón; ¡qué fatal engaño!

Por consiguiente, concluimos que la única solución es Cristo Jesús. Si nos volvemos a Él y lo contemplamos, considerando de nuevo su vida, muerte y resurrección, encontraremos en Él todo lo que nuestra alma desea y necesita. Es allí, precisamente, donde Él nos quiere llevar para ordenar nuestra vida, dar descanso, paz y significado a nuestra existencia, dejándonos tan satisfechos que no tengamos necesidad de buscar en otra fuente.

Hoy estamos necesitados, no de experiencias de éxtasis religioso. ¡No! La religión no es la base del cristianismo; Cristo es el fundamento. Aunque la religión es un factor importante para el desarrollo social y psicológico de las personas, para que sea efectiva tiene que mantener delante de sus practicantes el factor básico: Dios y su Hijo Jesucristo; de lo contrario, será dañina para la salud mental. **Por lo tanto, cristianismo es RELACION, y una relación de amor con Jesucristo su fundador.** Las religiones cambian y también cambian sus dogmas, sus reglamentos, sus estructuras y sus dirigentes; pero no sucede así con Jesús: Él es el mismo ayer, hoy y mañana. Lo que hoy necesitamos es estabilidad espiritual, no confusión, culpabilidad y depresión espiritual.

Cristo es la respuesta, el remedio por excelencia para dar tranquilidad y seguridad al alma como ninguna otra cosa puede hacerlo.

El hombre ha tenido mucho éxito en venderle al mundo una religión sin Cristo. Sin embargo, el mensaje del Evangelio (vea Apocalipsis 14:6-12) ha convencido a muchos de nosotros de que el cristianismo en esencia es una relación real con Jesucristo, el verdadero Dios/hombre. Es por intermedio de Él que entendemos que la religión cristiana es sencilla y sublime; es una calidad de vida, de vida eterna por la morada del Padre y de su Hijo en nuestros corazones (véase Juan 17:3;14:23). Por supuesto, la religión de Cristo es muy demandante, desafiante y costosa para el hombre de hoy, porque requiere separación de nuestra religión, creada con un sistema de gracia barata sin confesión, arrepentimiento, obediencia, y discipulado, y, tristemente, sin el Cristo viviente.

Jesús se propone hacer una reforma mucho más significativa y profunda, porque iniciará su labor desde el interior hacia lo exterior. Así lo establece el siguiente pensamiento:

> "El cristianismo propone una reforma del corazón. Lo que Cristo obra dentro, se realizará bajo el dictado de un intelecto convertido. **El plan de comenzar afuera y tratar de obrar hacia el interior siempre ha fracasado**".[1]

La iglesia que promueve la vida cristiana concentrándose solamente en lo exterior está muy mal orientada y fracasada. Por lo tanto, si queremos vivir un cristianismo más auténtico, no debemos aceptar dicho enfoque. Este engaño siempre ha existido a través de la historia, y por cierto será más evidente en el fin del tiempo. Es precisamente por esta razón que **hoy es urgente y necesario** que surja de nuevo la voz poderosa de Dios diciendo:

¡Quiero!

> *"...Voz del que clama en el desierto: Preparad el Camino del Señor; enderezad sus sendas. Todo valle se rellenará, y se bajará todo monte y collado; los caminos torcidos serán enderezados, y los caminos ásperos allanados; y verá toda carne la salvación de Dios"* (Lucas 3:4-6).

Con razón el ministerio de Juan el Bautista comenzó en el desierto, porque en cierta medida el desierto representaba la vida espiritual de la sociedad religiosa. Los corazones estaban remendados, vacíos, áridos y secos, como la desolación en el desierto. El llamado era claro: *"Arrepentíos, arrepentíos, estén preparados para encontrarse con Dios".*

Un día se presentó Jesús en el desierto, y Juan lo señaló diciendo:

> *"...He aquí el Cordero de Dios, que quita el pecado del mundo"* (Juan 1:29).

Jesús llegó en el momento preciso, necesario y deseado. Allí había personas sedientas de aguas frescas, y no de agua estancada y descompuesta. También las había hambrientas de pan fresco integral, recién horneado, y no del pan viejo, blanco y seco de la religión legalista y formalista. Hoy como ayer, deseamos una nueva experiencia y la encontraremos sólo si **volvemos nuestra mirada al Cordero de Dios.**

Hoy, como ayer, hay corazones que claman en lo más profundo de sus almas: *"¡Quiero, quiero!".* Ese ruego ha sido escuchado por el Cielo; Cristo ha llegado a nuestro desierto de hoy, diciendo: *"He aquí, yo soy la Luz, el Pan de vida y el Agua fresca que nace del manantial de Dios".* Ha llegado a la hora de nuestra hora, donde está el *"valle"* del egoísmo, el *"monte y collado"* del orgullo, y los *"caminos torcidos"* del formalismo religioso. Pero ha llegado para *"bajar, rellenar, allanar y enderezar"* esos valles, montes, collados y caminos torcidos. Obra más que difícil e imposible para nosotros los humanos; pero ésta es su especialidad. Debido a la descomposición de nuestra naturaleza, esto le exigirá paciencia, tiempo y mucho amor, pero Él está capacitado para realizar su extraño y seguro ministerio de perdón, limpieza y satisfacción del ser antes de su segunda venida.

Sí, es Jesús quien ha llegado tocando a la puerta de nuestra existencia procurando nuestra amistad, como lo dijera el poeta del siglo XVI, Luis de Góngora:

"¿Qué tengo yo que mi amistad procuras?
¿Qué interés se te sigue, Jesús mío,
que a mi puerta, cubierta de rocío,
pasas las noches del invierno oscuras?"

Jesús inicia su acercamiento con una invitación simple, suave, amorosa y directa: *"Ven y Sígueme"* (Lucas 18:22; Mateo 16:24). Nos llama a contemplarlo y a estar con Él sin usar ninguna manipulación o intimidación. Nos dará la libertad de decir: "No, no quiero". Pero si decimos **"¡Sí, sí quiero!"**, nuestra vida nunca más será la misma del pasado, sedienta y hambrienta, porque Él suplirá todas las necesidades básicas de nuestro corazón. Entonces podremos decir: **"Por fin encontré lo que mi corazón deseaba y lo que realmente necesitaba: a Jesús".**

Algunas personas saben en verdad lo que quieren, quieren a Jesús. Precisamente eso es lo que yo quiero, ¿y tú?

Referencia:

1. Elena G. de White, *La Temperancia,* (Argentina: Asociación Casa Editora Sudamericana, 1969), pág. 91.

Capítulo 2

QUIERO CONOCERLO

"Y ciertamente, aun estimo todas las cosas como pérdida por la excelencia del conocimiento de Cristo Jesús, mi Señor..."
(Filipenses 3:8)

Todos queremos conocer cosas valiosas y personajes importantes. Esta necesidad es provocada por un espíritu de curiosidad que existe en todos los corazones. Algo nos mueve y nos impulsa a satisfacer ese sentimiento de conocer lo que es raro, distinto, peculiar, fuera de lo común.

Pero ¿por qué somos atraídos a algo que no podemos ver con nuestros ojos, a algo totalmente invisible? No podemos explicarlo totalmente, pero lo cierto es que existe ese sentimiento. Me refiero al impulso de conocer la Perla Preciosa de Gran Precio: **JESUCRISTO**, la Persona más bella del universo. Al definirlo así, pensamos también que es la Persona cuyo valor es Incalculable, Maravilloso, Extraordinario, Encantador y Cautivador.

Jesús siempre nos mantiene interesados, ansiosos de conocerlo cada vez más. No sucede con Él como con las demás cosas de este mundo, que al conocerlas y experimentarlas, nos dejan al poco tiempo un vacío que queremos llenar en la próxima experiencia, y mientras más buscamos y experimentamos, más volvemos a sentir de nuevo la misma necesidad.

El escéptico C. S. Lewis (1898-1963), quien más tarde en su vida conoció a Jesucristo, nos explica el por qué, diciendo:

> "Dios nos hizo: nos inventó como un hombre inventa una máquina. Un vehículo está hecho para

> funcionar con petróleo, y no funcionará bien con otro combustible. Dios diseñó la máquina humana para que funcionara en Él mismo. Él es el combustible que necesita nuestro espíritu, el alimento necesario para nuestra alma. No existe otro. *Dios no puede darnos la felicidad y la paz aparte de Él mismo".*[1]

¿Ha pasado por tu mente el hecho de que estás aquí en este mundo para conocer al Señor Jesucristo y no por otra razón? El apóstol Pablo asimiló esta realidad. Para él, conocer la persona de Jesucristo era lo más precioso y lo más valioso en su vida. El consideraba todas las cosas como insignificantes comparadas con la experiencia de conocerle. Él decía:

> *"Y ciertamente, aun estimo todas las cosas como pérdida por la excelencia del conocimiento de Cristo Jesús, mi Señor..."* (Filipenses 3:8).

¿Qué es lo que tiene Jesús, que en un inesperado momento nos motiva con un raro e irresistible deseo de conocerlo personalmente? Es absolutamente real que cuando una persona se encuentra con Él, todo lo demás queda en un nivel inferior. ¿Es cierto esto? Yo puedo asegurar que sí, porque he llegado a tener esta experiencia. Los sentimientos de Pablo son lógicos y racionales, ya que Cristo mismo toma la iniciativa para hacerse disponible a nosotros y es así como tenemos la oportunidad de sentir el toque espiritual de *su amor redentor.*

"Quiero conocerlo" no quiere decir que solamente deseamos estar informados acerca de la vida y de los hechos de Cristo. No se trata de un conocimiento abstracto o intelectual de su persona. La información acerca de Cristo no equivale a tener una relación con Él, pero la experiencia de relación se nutre del estudio y de la información acerca de Él. Conocerlo es descubrir que Cristo es el Dios con el cual podemos tener una experiencia de amistad íntima y personal. No quiero dar la impresión de que no debemos tener todo el conocimiento necesario acerca de su persona, esto es algo muy importante; lo que quiero dejar bien claro es que, **el verdadero conocimiento de Cristo es tener una relación de amor con Él**. El verbo "conocerlo" implica una relación de confianza con ese Dios maravilloso que se llama Jesucristo.

Para explicar mejor lo que quiero decir, veamos el contexto que el apóstol Pablo concluyó con la frase: *"...a fin de conocerle"* (Filipenses 3:10).

Pablo había experimentado toda clase de experiencias intelectuales. Desde niño había estudiado los conceptos teológicos de la religión judía. Era un joven educado, un practicante de las tradiciones de la religión y tenía un futuro asegurado en su mundo. Sin embargo, en el fondo de su corazón no disfrutaba de una experiencia personal con Dios. Llevaba un vacío inexplicable en su alma. Y mientras más vigoroso era en sus prácticas religiosas, más disgustado y desesperado se sentía. Me imagino que se hacía la siguiente pregunta: "¿Qué me pasa que nada ni nadie satisface la ansiedad de mi ser?" Sin él saberlo, Dios sabía lo que necesitaba.

En una de sus locuras de persecución por su celo religioso, llegó a su encuentro el personaje que cambió su vida: Cristo Jesús (Hechos 9:1-7). Esta experiencia no fue un ensayo intelectual, sino una experiencia personal con el Cristo viviente. Él no encontró a Cristo en un libro o en una universidad o en una iglesia, sino en la experiencia de su propia vida. En realidad, no hay nada superior a esto, y Pablo lo supo. ¡Qué satisfacción! ¡Qué alegría y felicidad fue este inicio para el joven Pablo! Con razón tuvo que concluir después de su encuentro con Cristo que todo lo demás carecía de valor.

Es interesante notar que en la experiencia de Pablo, Cristo no envió un profeta o un ángel para darse a conocer. Él mismo descendió del cielo para encontrarse con Pablo. Esta es la primera vez, después de la ascensión, que se registra en la

Biblia que Cristo toma un interés tan específico en alguien, que deja su trono y sus ocupaciones en el cielo para revelarse a una persona en esta tierra. Esto me hace ver bien claro que Cristo es un Dios que anhela tener una relación muy personal con cada uno de nosotros. Sin duda alguna, Él anhela hacer esto mismo por nosotros hoy.

Ya hemos visto que el conocimiento que deseamos es un conocimiento de relación. La inteligencia y la razón sirven para muchas cosas, pero en lo que se refiere a la relación personal con Cristo, no son suficientes. Tiene que existir algo más que llamaré "el corazón", en el cual está envuelta la totalidad de la personalidad humana que incluye el intelecto, las emociones y la voluntad.

Para ilustrar lo que estoy diciendo, narraré lo que me ocurrió en el año 1986. Cuando estaba iniciando mi trabajo pastoral visitando a cada miembro de la Iglesia Adventista de Queens, Nueva York, una señora me pidió que visitara a su madre anciana. Me anticipó que estaba enferma con un cáncer en el cerebro. Cuando llegué, descubrí que la señora vivía en un apartamento pobre, aunque muy limpio. Cuando entré a su habitación, me sorprendí al ver a una niña en una cama, e inmediatamente le pregunté a la ancianita: "Hermana, ¿y esta niña?". Ella me contestó: "Es mi nieta, la he criado desde que nació, y tiene un desequilibrio mental". Luego agregó: "No puedo estar mucho tiempo de pie porque comienza a dolerme la cabeza. Tengo que sentarme en la cama". Así comenzamos a conversar y no pasó mucho tiempo sin que me diera cuenta de que la anciana tenía una confianza implícita en Dios, y un carácter hermoso, lleno de ternura, amor y compasión.

En la conversación, ella comenzó a hablarme de su experiencia con Cristo. Me dijo que lo había conocido en Puerto Rico, y que había llegado a ser un Dios maravilloso en su vida; que sentía su presencia y compañía, y disfrutaba de sus bendiciones y protección. Recuerdo que me dijo estas palabras: "Yo siento la presencia de Cristo aquí en este cuarto, y aunque este dolor de cabeza no se me quita, yo sé que cuando muera, Él me resucitará y veré su rostro".

Esta conversación fue maravillosa para mí, y mi mente comenzó a reaccionar. Entonces pensé: "¡Qué extraño! He aquí esta anciana que no sabe leer ni escribir, hablándome de su hermosa experiencia con Cristo, y yo, todo un pastor, con una maestría en Divinidad, conocedor de la teología sistemática, con ocho años en el ministerio, y no conozco a Cristo como ella; ¿qué es lo que ella ve que yo no veo? ¿Cómo es que ella tiene esta vivencia con Cristo y yo no?" Mientras ella me hablaba, comencé a sentir necesidad de Cristo, quería conocerlo y poseerlo como ella. Cuando me despedí, le dije: "Hermana Sonia, nosotros los pastores siempre oramos por los miembros antes de irnos, pero esta vez yo le quiero pedir a usted que ore, y ore por mí". Recuerdo que al cerrar mis ojos y mientras la ancianita comenzaba a orar, sentí que el cuarto se iluminó, y la presencia de Dios lo llenaba todo. Ella oraba como si Cristo estuviera delante de ella. Era una oración de confianza y de seguridad. Cuando comenzó a orar por mí, no entendía lo que me pasaba. Comencé a llorar. Me sentía compungido de corazón, y a la misma vez sentía que Cristo me aceptaba y me amaba. Una paz inexplicable inundó mi corazón. Cuando terminó la oración, y mientras me secaba las lágrimas, ella me preguntó: "¿Qué le pasa, pastor, que está llorando?". Yo le contesté: "He sentido y he visto a Dios aquí con usted." Al salir le di un fuerte abrazo y un beso, y me sentía como si no estuviera en este mundo.

Después de guiar mi carro un corto trecho, sentí el deseo de estacionarme y de hablar personalmente con Dios. Allí, a solas, estuve unos 20 minutos disfrutando de una relación íntima y hermosa con Cristo. Dos meses después Sonia murió, y en el servicio fúnebre que me tocó oficiar, no vi en el ataúd simplemente una persona muerta, sino a una mujer que le aguardaba la certeza de ver al Autor de la resurrección y la vida. Mientras contemplaba su cadáver, elevé una oración silenciosa al Cielo: "Oh, Señor, enséñame a conocerte como te conoció Sonia".

Esta experiencia cambió definitivamente el enfoque de mi vida espiritual. Gracias a Sonia llegué a conocer más de Cristo que en todos mis años anteriores de estudios teológicos. Aprendí a mirar más allá de mi intelecto y de mi razón. Hoy puedo decir que Cristo es una realidad en mi vida. ¡Qué lástima que no vi la luz antes! ¡Cuántas frustraciones espirituales me hubiera evitado! Pero doy gracias a Dios que sucedió así, porque ahora puedo apreciar con mayor claridad el rostro de Cristo. ¡Qué fantástico es Él! Hoy puedo sentir la fragancia de su carácter. Ahora comprendo mejor al apóstol Pablo cuando dijo:

> *"Y andad en amor, como también Cristo nos amó, y se entregó a sí mismo por nosotros, ofrenda y sacrificio a Dios, en olor fragante"* (Efesios 5:2).

Sí, podemos conocerlo porque Él lo ha hecho posible. Tú también puedes disfrutar de esta experiencia. Está disponible para ti en este mismo instante.

Por supuesto, esta nueva perspectiva no es exclusivamente mía. Antes y después de mí, millones han descubierto esta realidad. Un ejemplo es el caso de Douglas Cooper, pastor adventista, quien expresa su experiencia de la siguiente manera:

> "Anteriormente, mi teología, mi iglesia, siempre habían sido el centro de mi vida espiritual. Ahora Cristo tomó dicha posición. Yo siempre había pensado que el evangelio era un gran cuerpo de verdades, un gran mensaje, o un gran movimiento de la iglesia. Pero he aprendido que el evangelio no es nada sin una gran Persona, Cristo Jesús. Cuando no vivía dentro de mí, mi teología era solamente otra señal de egoísmo, de filosofía especulativa.

> Sin Él, mi ministerio cristiano no era nada más que un servicio social. **Cristo Jesús no vino al mundo a predicar un mensaje. Él vino para ser el mensaje. Él mismo es el cristianismo en sí**".[2]

Jesús nos llama a conocerlo cuando en su oración intercesora dijo a su Padre:

> *"Y esta es la vida eterna: que te conozcan a ti, el único Dios verdadero, y a Jesucristo, a quien has enviado"* (Juan 17:3).

La expresión "*que te conozcan a ti*", no es simplemente estar informado acerca de Él, sino significa que podemos conocerlo en forma personal e íntima. Cristo fue enviado para revelarnos que Dios es un ser personal. Por lo tanto, conocerle es experimentar su gracia, su perdón y su poder transformador que convierte en divinos nuestros valores humanos.

Lo que nosotros necesitamos hoy es una religión experimental y no solamente intelectual. Se nos invita:

> ***"Gustad, y ved que es bueno Jehová"*** (Salmos 34:8).

En lugar de la palabra ajena, probemos por nosotros mismos la realidad de Cristo. Ya estamos cansados de la religión teológica filosófica, llena de ritos y reglamentos. Nuestra alma está hambrienta de una experiencia viva y auténtica. No te conformes con una religión científica, analítica o dogmática. Mira más allá. Busca y encontrarás lo que has estado buscando: **a Cristo**. La escritora cristiana Elena G. de White lo expresa así:

> "La experiencia es el conocimiento que resulta de lo que uno prueba. **Lo que se necesita ahora es religión experimental".**[3]

¿Cómo puedes encontrar esta experiencia? Deja que tu alma se concentre en la vida y las obras de Cristo. Medita en su Palabra todos los días. Deja que ella penetre en tu vida como una espada de dos filos y te aseguro que verás cómo Jesucristo llega a ser para ti más dulce que la miel.

La siguiente recomendación es de gran valor, tanto para ti como para mí que estamos en esta búsqueda de conocerlo mejor:

> "Piensa en su amor, en la belleza y perfección de su carácter. Cristo en su abnegación, Cristo en su humillación, Cristo en su pureza y santidad, Cristo en su incomparable amor: *tal es el tema que debe contemplar el alma"*.[4]

Te aseguro que en cualquier momento, el menos esperado, tal vez no en forma espectacular, como le sucedió a Moisés en una zarza ardiendo (Éxodo 3:1-4), o como a Isaías, rodeado de ángeles (Isaías 6:1-5); pero quizás te suceda como a la mujer samaritana, cuando Cristo le dijo personalmente, (pidiéndole tan sólo un vaso con agua):

> *"Si conocieras el don de Dios, y quién es el que te dice: Dame de beber; tú le pedirías, y él te daría agua viva"* (Juan 4:10).

Cristo siempre nos toma por sorpresa; espera de Él lo inesperado. Él llegará a ti en cualquier momento, diciéndote:

> "Yo soy, el que habla contigo" (Juan 4:26).

Medita en el siguiente pensamiento significativo:

> **"Jesús ha dicho muy claramente: Yo soy el amor para ser amado, soy la vida para ser**

> **vivida, soy el gozo para ser compartido, soy el pan para ser comido, soy la sangre para ser bebida, soy la verdad para ser declarada, soy la luz para ser encendida, soy la paz para ser dada. Jesús es todo".**[5]

Espero que estas reflexiones te ayuden en la búsqueda de una experiencia espiritual más firme y permanente. El resumen de todo es: *Cristo es el conocimiento que necesitamos asimilar.* Él es la verdadera ciencia, la verdadera religión, *no aceptes otro substituto.*

No lo olvides: Él está ansioso de que lo conozcas personalmente. Quiero darte la bienvenida al conocimiento que sobrepasa todo entendimiento, el de **nuestro Señor Jesucristo.**

Referencias:

1. C. S. Lewis, *Mere Christianity,* (London: Collings Press, 1955), pág. 50.
2. Douglas Cooper, *Living on Our Finest Hour*, (Mountain View, California: Pacific Press Publishing Ass., 1982), pág. 66.
3. Elena G. de White, *Testimonies for the Church,* (Mountain View, California: Pacific Press Pub. Ass., 1948), tomo 5, pág. 221.
4. Elena G. de White, *El Camino a Cristo,* (Mountain View, California: Pacific Press Pub. Ass., 1977), pág. 70.
5. Madre Teresa, *Words to Love By...,* (Notre Dame, Indiana: Ave Maria Press, 1983), pág. 13.

Capítulo 3

QUIERO VIVIRLO

"...para mí el vivir es Cristo..."
(Filipenses 1:21)

La vida es un hermoso regalo, es el regalo de los regalos. Una amiga mía dio a luz un bebé; este hecho cambió su motivación de vida inmediatamente y también la del padre, que al saber que el niño era varón, rebosaba de gozo, felicidad y satisfacción. Sin duda alguna, ver nacer un hijo, vivir la vida con calidad y en abundancia, trae consigo un gran sentido de realización plena. ¡Cuánto no desearíamos vivir libres de dolores, desasosiegos, temores y tensiones! La vida sería mucho más maravillosa si no fuera por esos intrusos. Sin embargo, hay un medio que, aunque no elimine todas las experiencias negativas, sirve para reducirlas al mínimo, y aun sacar de ellas beneficios positivos. Este medio es Jesucristo, el Dios personal, el Dios vivo y real.

Con Él, la vida adquiere una dimensión muy diferente a la que nuestra vida natural entiende y experimenta. Es cierto que la vida es un problema, pero Jesucristo es la respuesta por excelencia a todos los problemas. Todos tenemos las mismas necesidades físicas, emocionales y de estima propia. Todos deseamos vivir nuestra vida al máximo de nuestros sueños. Y precisamente es dentro de este contexto que Pablo expresa:

> *"Porque para mí el vivir es Cristo, y morir es ganancia"* (Filipenses 1:21).

La vida del apóstol era Cristo. Para él la vida solamente tenía significado en Cristo. Cuando se vive en Cristo, es cuando en realidad vivimos la vida. La expresión ocupa una posición enfática en el lenguaje original del apóstol, que expresa la mejor opinión de su vida, pero que al mismo tiempo indica su situación de vida actual. Para él, el asunto era *¡VIVIRLO!* lo cual significaba ganancia y no pérdida. Cristo transmitía vida, fuerzas, energías y propósitos a su vida. Pablo fue uno de los primeros en expresar esta plena realidad de vida: "el vivir es Cristo". Por lo cual, ¡yo también quiero vivirlo! Espero que Dios ponga en ti el mismo sentir que hubo en Pablo y que a todos nosotros nos conmueve y estremece.

El verbo "vivirlo" encierra intimidad con una persona, la persona de Jesucristo. Para Pablo y para mí, Él lo abarca todo en la vida. Cristo mismo nos conduce con ternura a "vivirlo" cuando dice:

> *"Yo soy el camino, y la verdad, y la vida; [...] Yo he venido para que tengan vida, y para que la tengan en abundancia"* (Juan 14:6; 10:10).

Vivir en Cristo significa disfrutar de la verdadera vida en un sentido pleno. Por lo tanto, para nosotros, Cristo no es un pensamiento ideológico, una idea, una opinión o un concepto filosófico-religioso. Él es una persona auténtica, real, que, aunque no está al alcance de nuestra vista, las pruebas históricas de su existencia y las presentes son más que suficientes. Si no fuera así, Pablo no habría dicho *"para mí el vivir es Cristo"*. Esta expresión señala una realidad: la causa de la vida es Cristo y el propósito de ella también es Cristo.

Cuando decimos "vivirlo", queremos escondernos completamente en la divina persona de Cristo, en una constante continua de tiempo presente. Podemos decir que la verdadera vida se mide solamente en relación con Cristo. Sin Él, nuestra vida se torna vacía y nuestra alma pierde el valor de su existencia. Por consiguiente, **la vida no debería medirse por la cantidad de años que vivimos, sino más bien, por el tiempo que vivimos con Cristo.**

"Vivirlo" significa sentir su presencia, su compañía, su amistad. Cristo se ofrece continuamente como una realidad activa y dinámica para nuestra existencia actual. Cuando Pablo dice que *"el morir es ganancia"* (Filipenses 1:21), no se refiere solamente a la muerte física, también se está refiriendo a la muerte de nuestra contemplación propia; dicha tendencia produce un desequilibrio en la salud mental. Es evidente que cuando Cristo está ausente de nuestra vida, la sentimos muchas veces plagada de frustraciones y desencantos. Así lo expresó el reconocido escritor C.S. Lewis:

> "Búscate a ti mismo, y encontrarás al final solamente odio, soledad, angustia, ira, ruina, y descomposición. Pero busca a Cristo y tú lo encontrarás, y con Él, todo lo bueno está incluido".[1]

Pensar primero en nosotros es una actitud peligrosa porque obstruye la radiante luz de Jesucristo que quiere siempre penetrar en nuestra vida. El siguiente pensamiento inspirado nos advierte de esto:

> "Cuando pensamos mucho en nosotros mismos, nos alejamos de Cristo, la fuente de la fortaleza y la vida".[2]

Conozco en mi propia experiencia el desequilibrio que produce pensar mucho en sí mismo, y por esta razón es que *querer vivirlo* me ofrece la solución maravillosa a la inmensa complejidad de la existencia.

La filosofía existencialista del pensador francés René Descartes (1596-1650) dice así: *"Pienso, luego existo";* pero ahora, por causa de Cristo, ya no existimos nosotros primero. Por lo tanto, me gustaría añadirle una variante: **"Primero pienso en Cristo, y luego existo".** Pablo expresando su vivencia, dice:

> *"Con Cristo estoy juntamente crucificado, y ya no vivo yo, mas vive Cristo en mí; y lo que ahora vivo*

en la carne, lo vivo en la fe del Hijo de Dios, el cual me amó y se entregó a sí mismo por mí" (Gálatas 2:20).

Sin duda alguna, este deseo de Pablo es radical. ¡Desear que Cristo sea el todo en la vida es muy diferente a lo que piensa la mayoría!

Lo que hoy por hoy gobierna las motivaciones de los seres humanos es el "yo". ¿Será posible que en esta generación ego-idólatra pueda existir un ser humano que ponga a Cristo primero antes que sus propios intereses? Creo que sí puede existir tal persona, si está dispuesta a pagar el precio demandado: **la contemplación de la belleza de Cristo**. A medida que hagamos de Cristo nuestra razón de vivir, entonces partiendo de ese punto, se inicia la experiencia de olvidar nuestra auto-contemplación. La siguiente reflexión es muy acertada:

"Hablemos del Señor Jesús y pensemos en él. Piérdase en él nuestra personalidad".[3]

"Perdernos en Él" no es una tarea fácil, pues nuestra naturaleza humana se rebela contra tal actitud. Nosotros funcionamos como si fuéramos el centro del universo. La solución a este dilema humano es considerar siempre a Cristo como la verdadera vida para ser vivida.

¿De dónde nace ese deseo profundo de "querer vivirlo"? En realidad tú y yo no lo iniciamos. Su origen está más allá de nosotros mismos. Este maravilloso deseo tiene que ser *despertado y creado* en nosotros. Se origina en la mente de Dios. Él es el Autor de dicho sentimiento y quien establece primero su anhelo de encuentro y vivencia con nosotros. Por lo tanto, "quiero vivirlo" es provocado en nosotros por su condescendencia interesada en nuestra amistad. Esta realidad es evidente en todas las páginas de la Biblia.

El libro del Génesis, manifiesta claramente esta realidad, al decir:

ANSIAS DE SU PRESENCIA

"Y Jehová Dios plantó un huerto en Edén, al oriente; y puso allí al hombre que había formado" (Génesis 2:8).

El Jardín del Edén era el hogar de Adán y Eva. Allí, en la hermosura de la naturaleza, el Creador se les revela a sus queridas criaturas, manifestándoles el propósito de su creación. De esta manera les enseña que Él es un Dios personal y de un profundo sentimiento de amistad. Para Adán y Eva esta realidad era evidente, porque no pasaba el día en que Dios no fuera a su encuentro. En verdad, el Edén no tendría valor para ellos si no fuera por la amistad con Dios. Pero entonces surge algo extraño, triste y de consecuencias desastrosas. Esa amistad especial fue quebrantada por la introducción del mal. El pecado rompe la vivencia entre el Creador y sus criaturas. Surge la distancia, el temor, la incertidumbre de lo que pasaría de allí en adelante. Pero Dios no se aparta, no se va al espacio, abandonando a sus criaturas, olvidándose de ellas por lo que han hecho. Por el contrario, vuelve al Edén en busca de relación; vuelve a hablar con ellos, vuelve a sentarse a su lado, vuelve a revelarles su plan de restaurar la amistad quebrantada (Génesis 3:8-11). ¿Qué más podría hacer que ya no hubiera hecho?

Podríamos decir que el pecado es el pensamiento y la acción de vivir separado de Dios (Isaías 59:2). El pecado es, en su raíz, una relación quebrantada, una distancia entre la criatura y su Creador. Pero Dios insiste, e insiste incansablemente con nosotros, para crear en nuestros corazones dudosos y temerosos la idea de que su cercanía es una relación de paz y no de condenación. No podía ofrecernos regalos para despertar nuestro interés, así que se regaló a sí mismo. Él sabe muy bien que el único idioma que podemos entender es el idioma del amor, el idioma de la relación:

"Con cuerdas humanas los atraje, con cuerdas de amor..." (Oseas 11:4).

Quiero vivirlo

Dios aconsejó a Moisés que hiciera lo siguiente:

> *"Y harán un santuario para mí, y habitaré en medio de ellos"* (Éxodo 25:8).

Notamos que el deseo de tener un santuario no nace de Moisés, ni del pueblo, sino de Dios mismo. Él pide el santuario para habitar personalmente con su pueblo. El santuario sería simplemente un lugar donde Él se daría a conocer. ¡Qué fantástico deseo es el de Dios! "Habitar" significa en este caso comunión, relación y amistad. Sin duda alguna, cuando dos personas viven juntas llegan a conocerse mejor. Esto es precisamente la motivación de Dios al pedir un santuario: enseñar que no desea distancia entre Él y sus hijos, sino relación personal con ellos.

La mayor evidencia de que Dios quiere vivir con nosotros fue la *encarnación* de sí mismo en la persona de Jesucristo. Esta es la revelación máxima de su interés y de su amor por nosotros. Vino a esta tierra y se hizo semejante a nosotros para así compartir nuestras vivencias. De esta manera Él nos da la mayor demostración de su interés en vivir su vida muy cerca de nosotros. Hablando de Cristo, el apóstol Juan nos dice:

> *"Y aquel Verbo fue hecho carne, y habitó entre nosotros (y vimos su gloria, gloria como del unigénito del Padre), lleno de gracia y de verdad"* (Juan 1:14).

Nosotros no fuimos los que invitamos a Cristo a venir a visitarnos; si hubiera sido por nosotros, estaría todavía esperando nuestra invitación; sino que fue Él quien primero tomó la iniciativa de acercarse a nosotros, y es Él quien nunca se cansa de buscarnos, deseando ese encuentro especial con nosotros. Este es su tierno llamado constante:

ANSIAS DE SU PRESENCIA

> *"He aquí, yo estoy a la puerta y llamo; si alguno oye mi voz y abre la puerta, entraré a él, y cenaré con él, y él conmigo"* (Apocalipsis 3:20).

El caso de Cristo y sus discípulos hace clara la realidad de su compañerismo selecto. Cierta vez les recordó el origen de su amistad, cuando les dijo:

> *"No me elegisteis vosotros a mí, sino que yo os elegí a vosotros"* (Juan 15:16).

Jesús llamó a sus discípulos *"amigos"* (Juan 15:15) por el cariño especial que les profesaba. Toda una noche la pasó orando para que su Padre lo ayudara a escoger a aquellos con quienes Él compartiría su vida y mediante quienes realizaría su misión de amor a favor de los pecadores (Lucas 6:12,13).

Entre todos los discípulos, Jesús se compenetraba más con Pedro, Santiago y Juan. Pero Juan llegó a ser el más especial a su vista. Siempre permaneció a su lado, aun en los momentos más amargos de su vida; presenció su juicio; con dolor lo siguió camino al calvario y permaneció junto a la cruz hasta el fin. Con razón fue señalado como el discípulo amado de Jesús, ya que reclinaba con frecuencia su cabeza sobre el pecho de su amado Maestro (Juan 13:23,25). Por lo tanto, **el grado de amistad con Cristo lo determinamos nosotros de acuerdo a nuestro acercamiento a Él.** Aunque Cristo se ofrece a vivir con nosotros, nuestra compenetración con su vida está en nuestras manos. Mientras más lo deseemos, más se nos revelará a nosotros, para de esa forma satisfacer nuestro deseo de vivir con Él, en Él y para Él.

En mi adolescencia conocí un canto, cuya inspiración puedo hoy apreciar con mayor claridad debido a mi nueva experiencia con Cristo. Espero que sea también el canto de tu corazón. Dice así:

Oh, qué maravilloso es vivir,

con Jesús el Salvador.
Oh, qué maravilloso es decir,
somos salvos por su amor.
Hay un gozo indecible con Él,
y gran paz en el corazón,
al andar con el Rey
y entonar la canción,
oh, qué maravilloso es vivir.

Es cierto, es maravilloso vivir con Jesucristo. Hemos afirmado que "querer vivirlo" es un deseo que Dios ha creado en nosotros. Pero es importante saber que somos nosotros quienes decidimos *hasta dónde* viviremos con Él. *Tanto la Biblia, como la experiencia humana, enseñan que somos nosotros, no Cristo, quien determina el grado de intimidad en esta relación.*

Apreciado lector: en este momento tu vida de relación con Cristo la estás decidiendo tú mismo. El deseo de Cristo de vivir en nosotros es fantástico, pero si tú y yo no respondemos a su acercamiento de amistad, ¿de qué nos sirve? Mas si decimos de corazón **"¡quiero!"**, entonces sí podremos declarar: *"Para mí, el vivir es Cristo"*. No obstante, dicha experiencia sólo será posible a medida que continuemos contemplando a Jesucristo en su *encarnación,* su *ministerio*, su *muerte y resurrección*; pues es mediante esos actos condescendientes de su amor que *nos sentimos atraídos hacia Él,* y eso nos motiva para decirle: *"Señor, mi vivir eres tú"*.

Referencias:

1. C. S. Lewis, *Mere Christianity* [Mero Cristianismo], (London: Collings press, 1955), pág. 191.
2. Elena G. de White, *El Camino a Cristo*, (Mountain View, California: Pacific Press Publishing Association, 1961), pág. 71.
3. Id., pág. 72.

Capítulo 4

QUIERO APRECIARLO

"Yo soy la rosa de Sarón, y el lirio de los valles"
(Cantares 2:1)

El ser humano siempre ha sido admirador de la belleza. Este sentimiento es universal, porque en cada rincón del planeta existen personas y cosas bellas. ¿Quién no se queda extasiado al contemplar un paisaje de la naturaleza, con sus coloridos valles, sus empinadas montañas y onduladas colinas, ríos de fresco torrente, árboles de verde follaje y nubes de apacible blancura? ¿Quién no admira la belleza de una mariposa con sus diferentes matices de colores, o un apacible atardecer tropical?

Toda la hermosura de lo creado, tanto en la naturaleza como en el ser humano, tiene que ver con la estética, con sus colores y con sus tamaños. Pero como ya sabemos, la naturaleza está íntimamente ligada a un proceso de cambio, descomposición y finalmente la muerte. Lo que hoy es lindo, mañana podría considerarse feo; lo que hoy es agradable, mañana quizás sea desagradable. Y así se desenvuelve nuestra vida en todo lo que existe a nuestro alrededor.

Por esta razón nos urge encontrar una belleza inmutable, y es por eso que deseo presentarte a mi amigo *JESÚS,* el único ser que encierra una belleza que no puede ser igualada. Su hermosura proviene, no de su exterior físico, sino de su interior, es decir, su carácter. Allí radica la belleza de su persona. Él es el único ser que no cambia, y que mantiene una imagen de características siempre admirables y cautivadoras. En Él no existen variantes, en Él no existe descomposición, y su belleza es eterna.

Quiero apreciarlo

Su personalidad ha cautivado a millones de hombres, mujeres, jóvenes y niños a través de los siglos. En la actualidad existen muchas personas que al contemplarlo quedan embelesadas por la peculiaridad extraordinaria que irradia su persona. En este grupo me encuentro felizmente incluido, y es por esta razón que expreso y comparto mi sentir contigo.

Mientras más contemplo y estudio a Jesús, más insuficientes son mis palabras para describir la belleza que destila su insondable ser. Nadie tiene, ni tendrá, la última palabra que describa lo que en Él se encierra. En Él hay algo misterioso. Con cada encuentro con Jesús se experimenta siempre una sensación de novedosa frescura. Descubrimos nuevas características de su ser que antes desconocíamos. Tengo la impresión de que Él prefiere que sea así, porque de esa manera mantiene nuestra atención concentrada en Él constantemente, y también nos crea un deseo ardiente de vivir contemplándolo, ya que Él sabe que somos seres amantes de lo bello.

Consideremos, entre muchas, una de las cualidades que hacen que la personalidad de Cristo sea atractiva, y que a medida que la conozcamos más intensamente, más descubriremos que nuestro Señor Jesucristo es un ser digno de ser conocido, admirado y honrado. Y esa cualidad estriba en *su interés incondicional y actitud hacia nosotros.*

> *"Porque el Hijo del Hombre no vino para ser servido, sino para servir, y para dar su vida en rescate por muchos"* (Marcos 10:45).

En realidad, la belleza en una persona está en proporción a su actitud hacia nosotros. No importa lo que la persona parezca exteriormente según la evaluación humana, si su actitud hacia nosotros es negativa, inmediatamente dicha persona es para nosotros fea e indeseable. Por ejemplo, si conoces a alguien a quien admiras por su belleza, talentos y modales, pero un día recibes algún tipo de desprecio, su imagen se desvanece en un instante; ahora la ves desagradable, ¿no es cierto? En cuanto a lo que Jesús se refiere, la Biblia nos dice que su apariencia física no era atrayente:

> *"...no hay parecer en él, ni hermosura; le veremos, mas sin atractivo para que le deseemos"* (Isaías 53:2).

Físicamente, Jesús no era alto ni bien parecido. Si nos hubiéramos encontrado con Él en la calle, sin duda alguna habría pasado inadvertido, porque era un hombre de aspecto común y corriente, parte de la multitud. Pero, su personalidad era única. Había algo en Él que atraía la admiración de las multitudes; y ese algo consistía en su *actitud e interés* hacia ellos. En eso radicaba su belleza.

Tú y yo le interesamos a Jesús. Su interés gira alrededor de nosotros y nuestro bienestar. Su propósito consiste en buscar la manera de encauzar nuestra vida hacia un estado de felicidad, no de una felicidad momentánea o pasajera, sino una felicidad permanente. Realmente Jesús no conoce lo que es el egoísmo. En Él no existe, ni existirá jamás una pizca de interés personal. Tú y yo seguimos siendo de sumo interés para Él. Todo lo que Él piensa, planea y hace tiene como supremo objetivo nuestra vida. Su vida está orientada hacia nuestro completo bienestar. Todas sus palabras y hechos lo demuestran. Sus tres años y medio de ministerio los vivió haciendo el bien, sanando, enseñando, alimentado y ayudando al necesitado. No tuvo vacaciones. Su misión consistía en servir a cada ser humano, sin importarle si era rico o pobre, educado o analfabeto, hombre o mujer, blanco o moreno, religioso o incrédulo, puro o impuro, etc. No había nada en la pobre condición de los seres humanos que le provocara rechazo o alejamiento. Al contrario, mientras más necesidad veía, más se conmovía su corazón para ayudar. Esta característica es lo que hace de Jesús un ser incomparablemente hermoso como ningún otro.

Quiero apreciarlo

Nuestra vida y felicidad le conciernen a Jesús en forma suprema. Para Él cada individuo tiene un precio incalculable. Esta es la razón por la cual vino para servir; servirnos en todas las esferas de nuestra existencia física, psicológica y espiritual. Claro está, ese servicio tenía y tiene diferentes motivaciones. Él no prestaba su servicio para exaltar las instituciones religiosas, ni mucho menos para recibir reconocimiento y admiración pública. De hecho, muchas veces cuando hacía el bien, los que recibían el beneficio lo buscaban para agradecerle y no lo encontraban, pues había desaparecido. Su único interés era el bienestar de las personas, cada una en forma individual.

Es de notar que el tiempo que Jesús estuvo aquí en la tierra relacionándose con los seres humanos, la multitud que lo seguía eran los más pobres de los pobres, los vestidos de harapos, los enfermos, los deformados físicamente, los que eran marginados por aquella sociedad opulenta, vanidosa y materialista. Hubo algunos de la alta sociedad a quienes llamó la atención la paz que transmitía Jesús; esos también lo buscaron, aunque lo hicieron de noche, como el teólogo Nicodemo (Juan 3:1-21). Pero por regla general, los fariseos, los escribas y los encumbrados de la sociedad de su tiempo nunca lo aceptaron. Para ellos era una persona extraña, incomprensible y peligrosa. Eso expresan los relatos bíblicos. Sin embargo, para otros Jesús era un ser maravilloso.

Uno de estos ejemplos que llama la atención es el caso de la mujer samaritana. Según el concepto humano, esta mujer no calificaba para ser considerada de algún valor. La religión establecida marginaba a las mujeres, peor aún si éstas eran de origen mestizo. Como samaritana, ella era una mezcla de asirios y judíos. Además, a la vista de la sociedad, era una mujer pecadora, pues no era miembro de la religión reconocida como el pueblo de Dios. A todo esto, se le sumaba su inmoralidad. Era una mujer emocionalmente inestable, pues se había divorciado cinco veces, y con el que actualmente vivía no era su marido, era su amante. Quizás otras desventajas que ella tenía eran su falta de educación y la de ser miembro de la clase baja. Todo esto la clasificaba como inaceptable para la sociedad y la religión.

Lo interesante de este caso es que Jesús premeditadamente se toma el tiempo de viajar a Samaria para encontrarse con este tipo de persona. ¿Quién de nosotros haría algo semejante? Hoy es muy común encontrar, no solamente en la sociedad sino también, desafortunadamente, en el mundo religioso, a personas que valoran a otras por los factores preconcebidos de la reputación, la educación, el nivel económico, la belleza, el liderazgo, los talentos y otros atributos externos que la sociedad secular ha determinado que son importantes. Pero para Jesús el factor básico es la persona misma, sin requisito previo. Él vio en la mujer samaritana a una persona de igual importancia.

A pesar de todo, esta mujer mostró cierto interés espiritual cuando le dijo: *"...Sé que ha de venir el Mesías, llamado el Cristo; cuando Él venga nos declarará todas las cosas"* (Juan 4:25). Esta mujer buscaba a un Dios que transformara su vida. Sin duda, ella estaba frustrada y cansada de sus fracasos emocionales y los múltiples rechazos sociales. Jesús vio en ella un terreno fértil para sembrar allí la semilla de la revelación de su persona, y es por esto que le dice: *"...Yo soy, el que habla contigo"* (Juan 4:26).

Jesús era lo que esta mujer anhelaba. Ahora sus ojos contemplaban cara a cara al Cristo esperado. Esto revolucionó tanto su vida, que al regresar a la ciudad se le olvidó el cántaro de agua (Juan 4:28). Jesús realmente le aclaró todas las cosas de su vida que a ella le confundían. Él penetró con su luz divina las más oscuras facetas de su pasado. No hay nada mejor para las ficticias máscaras humanas, que una revelación de Cristo en el corazón. Él nos hace más genuinos, eliminando así las falsas apariencias exteriores. Con razón ella tenía mucho que decir de su nuevo descubrimiento, porque al llegar Jesús a la ciudad, ya muchos habían creído en Él por la palabra de la mujer samaritana (Juan 4:39).

Quiero apreciarlo

Esta experiencia ilustra muy bien que la vida religiosa es mucho más que pertenecer a un sistema de religiosidad heredada, muchas veces de nuestros padres o quizás como un resultado de estudios doctrinales. Dicha experiencia es en verdad un encuentro con el Cristo vivo y real. Religión es Cristo y nada más. Él es el fundamento de la religión. Sin Él, la religión es hueca, vacía y muerta. **La religión debe ser siempre una relación con Alguien; este Alguien es Jesús. Él es quien hace de la religión algo significativo y funcional.**

Otro ejemplo muy particular es el caso del joven que nació ciego (Juan 9:1-41). Cierta vez una joven me dijo que no se sentía animada para aceptar la oferta de noviazgo de un muchacho porque era tuerto. Por supuesto, ésta es una actitud característica de los seres humanos que refleja el valor que damos a las personas discapacitadas. Nosotros por lo general valoramos a las personas de acuerdo al beneficio que recibimos o al uso que podamos hacer de ellas. Si la persona tiene mucho que ofrecer, nuestro interés es muy marcado; y si no tiene nada que ofrecer, nuestro interés es muy escaso. Por lo regular así vivimos la mayoría de nosotros. Sin embargo, con Jesús pasa todo lo contrario, pues Él determina el valor de las personas independientemente de los conceptos humanos. Cada persona es sumamente importante para Él, y las valora más que a todas las riquezas humanas, y aun más que al mismo universo.

Su vida es la que nos hace valiosos. Por esta razón es que vemos a Jesús acercarse al joven ciego de nacimiento que pedía limosna en las calles de Jerusalén. A la vista de la gente, éste era un ser inútil; pero a la vista de Jesús, él era de suma importancia. Así quedó demostrado, pues al Jesús sanar la ceguera del muchacho, su corazón sintió por primera vez que era estimado y apreciado. La emoción embargó toda su alma. Fue a este joven a quien Jesús también se le reveló como "*el Hijo de Dios*" (Juan 9:35-37). Este descubrimiento fue tan importante para él que, de rodillas ante Jesús, le adoró, diciéndole: "Creo, Señor" (Juan 9:38).

ANSIAS DE SU PRESENCIA

Sin duda alguna, para este joven y para la mujer samaritana no había un ser más precioso y apreciable en toda la tierra que Jesús, porque nadie anteriormente les había demostrado tanta atención y aprecio. Ellos también pudieron decir que Jesús era en verdad la *Rosa de Sarón y el Lirio de los Valles*. Él había embellecido sus vidas con su amor incondicional. Ellos palparon en su propia experiencia cual era la actitud de Jesús hacia ellos; una actitud de amistad, de paz, de comprensión, de amor, y nunca de juicio, condenación o desprecio. Jesús había perfumado sus vidas con la fragancia de su amistosa presencia.

Los jardines son bellos por las flores; de igual manera nuestra vida no tendría belleza alguna sin la presencia hermosa de Jesús. Más que cualquier otra cosa, Él es quien le da el verdadero valor a la vida. A veces nosotros, en nuestro empeño por mantener nuestro valor y estima propia, acudimos al dinero, al título académico, a la profesión, al automóvil que guiamos, a la ropa que vestimos, a nuestra nacionalidad y a nuestra posición social; pero ésta es una plataforma muy insegura, pues se puede desintegrar en cualquier momento, así como se quiebra en un instante un vaso de cristal al caer contra el suelo.

No nos dejemos engañar por las ideas humanistas que sugieren que nuestro valor sea determinado por nuestros talentos, nuestra apariencia o nuestra inteligencia. ¡No! Nuestro valor propio, el de nuestro carácter, está basado en nuestra identidad con Cristo, quien nos va transformando a su semejanza.

Conocí a una persona que cuando confió en Jesucristo por primera vez, compuso el siguiente canto:

Cansado y triste vagaba por el mundo,
sin alegría y sin ilusión,
andaba pues, errante vagabundo,
esperando mi suerte destrucción.
Yo nunca vi, ni conocí bellezas,
la vida era una inmensa oscuridad.

Quiero apreciarlo

Más cuando a Cristo hallé,
vi nueva luz y paz,
hallé sentido a mi existir,
Él es la flor que su belleza
a mí me regaló...
me regaló el anhelo de vivir.

Jesús declaró que su venida a esta tierra tenía como fin primordial demostrar que su interés hacia la raza humana estaba basado exclusivamente en su amor incondicional hacia ella. Él dijo:

> *"Porque el Hijo del Hombre ha venido para salvar lo que se había perdido"* (Mateo 18:11).
>
> *"Los sanos no tienen necesidad de médico, sino los enfermos. No he venido a llamar a justos sino a pecadores"* (Marcos 2:17).

Es en su pura y abundante gracia que encontramos el valor de nuestra vida. Busquemos todo lo que queramos, pero fuera de Él no encontraremos nada que le dé valor a nuestra persona. Es increíble bajo qué condiciones de descomposición humana somos amados por Él:

> *"Mas Dios muestra su amor para con nosotros, en que siendo aún pecadores, Cristo murió por nosotros"*
> (Romanos 5:8).
>
> *"...Dios estaba en Cristo reconciliando consigo al mundo, no tomándoles en cuenta a los hombres sus pecados..."* (2ª Corintios 5:19).

Fíjate que en los pensamientos anteriores no existe ni la menor sugerencia de que nosotros estamos cualificados para recibir su amor. Por el contrario, se nos dice que estamos *perdidos* y señalados como *pecadores*, y con todo esto, Jesús se acerca a nosotros.

En realidad, nosotros no podemos impresionar a Dios con nuestra vida. No podemos decirle "nota mi experiencia, mis talentos, mi profesión, mis virtudes, mis buenas obras". Nada de esto nos califica para ser admitidos en la familia de Dios. Te señalo este punto porque existe la idea de que para llegar a ser hijos de Dios hay que pasar por algo similar a la entrevista que hacemos al solicitar un trabajo. Le decimos al "jefe" Dios: "Bueno, mira mis credenciales. Este es mi título académico, mis años de experiencia, los lugares en que he trabajado, la obras que he hecho, los reconocimientos que he recibido, y las referencias de las personas importantes que me conocen".

¿Qué te parece? ¿Podríamos impresionar a Dios de algún modo? Claro que no... Déjame decirte, por lo tanto, que todo lo que somos y hacemos sin Cristo, está contaminado de bacterias dañinas. Puedo afirmarte que la única credencial que tenemos para presentarnos ante Dios es Cristo. Él es el único cualificado por su carácter perfecto y sus obras sin manchas de orgullo y de egoísmo. Solamente Él nos puede dar acceso a la presencia de Dios. ¿No es ésta una razón más que suficiente para darle gracias a Jesús? ¿No lo hace esto un ser precioso? ¡Claro que sí!

Quiero hacerte una pregunta personal: "¿Es Jesús precioso para ti tal como lo fue para la mujer samaritana y el joven ciego?" Si lo es, es porque tú ya sabes que tu valor y tu estima propia no están ni en tu dinero, ni en tu reputación, ni en tu apariencia, sino en Jesús. Y si no lo has descubierto todavía, quiero decirte algo: un día, antes de morir, quizás serás un ser inútil y sin mucho valor para aquellos que tú considerabas familia y amigos, y en esos momentos difíciles de la existencia humana, Jesús te dirá en lo más profundo de tu corazón: *"Yo te amo, te estimo y te lo demostré al dar mi vida por ti en la cruz del calvario"*.

Apreciado lector, no desprecies de ninguna manera el valor que Jesús te concede. Nadie daría su vida en sacrificio como lo hizo Él por ti. Él te valora y te estima, no por lo que tienes o aparentas, sino por su vida. En su vida está el valor tuyo y el mío. Él es Dios, y nos lleva en sus pensamientos, y anhela profundamente que le demos un lugar especial en nuestra vida. Si lo haces, descubrirás lo que muchos han descubierto ya: **que no hay nada en esta vida tan precioso como Jesús.**

Capítulo 5

QUIERO AMARLO

"Pero si alguno ama a Dios,
es conocido por él"
(1ª Corintios 8:3)

Amar es una de las virtudes más hermosas que pueden adornar nuestra naturaleza humana. En nuestro mundo abstracto, amamos nuestras memorias agradables, nuestros sueños, nuestros ideales, nuestros planes y deseos de éxito. En nuestro mundo concreto amamos la estética que contiene orden, variedad y colorido, como se nota en un atardecer, una flor en el jardín, el cantar de un ruiseñor; y más de cerca aún, amamos a esa hermosa criatura que nos ha nacido. Amamos a nuestros abnegados padres, a nuestros hermanos, a nuestro cónyuge, al amigo, en fin, amamos a todas aquellas personas que le dan valor a nuestra existencia. A veces la apariencia física del objeto o nuestro estado emocional determinan el grado de intensidad del amor que sentimos. Definir claramente dicho amor es a veces complicado, porque la idea que tenemos del amor es tan variada, que nos sentimos confundidos con los diferentes matices de amor que existen.

El amor humano es tan complejo, que hasta nos sorprendemos cuando cambia, fluctúa o simplemente deja de existir. *Mi experiencia me ha llevado a concluir que de la misma manera que podemos amar, así también podemos odiar;* si tú no estás de acuerdo con esta conclusión, te sugiero que visites una corte familiar. Allí notarás que aquellos que en el altar prometieron amarse hasta la muerte, ahora se odian en el proceso de separación. Es muy probable que ya tú hayas sido defraudado por alguien que supuestamente te amaba, y si no te ha sucedido, es porque eres muy dichoso.

ANSIAS DE SU PRESENCIA

El amor humano parece ser tan frágil que cuando se descompone, casi podemos pensar que es algo normal. Entonces nos hacemos una pregunta: ¿Podré amar a alguien en este mundo, con todas mis entrañas, y tener la seguridad que no me defraudará bajo ninguna circunstancia? Te tengo una linda sorpresa. La respuesta es ¡Sí! He encontrado que sí existe esa persona que podemos amar sin limitaciones y con un amor auténtico; y es la persona de *Jesucristo.* A Él lo podemos amar con nuestros mejores deseos, pensamientos, energía mental y física.

Cuando te hablo de amar a Cristo, quiero explicarte bien mi sentir. El ser humano tiende a amar por interés de lo que puede conseguir de la otra persona; pero el amor al cual me refiero no se basa en lo que podemos conseguir de Cristo, aunque es cierto que de Él recibimos muchos beneficios, tales como perdón, paz, reposo, protección, sanidad, vida eterna, etc. Estas bendiciones son maravillosas, y el recibirlas produce una gran satisfacción; pero debido a nuestra condición humana, es posible que lleguemos a amar más a esos dones que a la misma persona de Cristo. Es por esta razón que con la expresión "quiero amarlo" estamos manifestando el deseo de amar a Cristo en una forma totalmente incondicional y por encima de todas las cosas que Él nos pueda otorgar. Se trata de amarlo a Él, y solamente a Él, sin pensar siquiera en lo que recibimos de Él, ni si las circunstancias que nos rodean son desfavorables, como la soledad, la enfermedad, el desempleo, la muerte, etc. El amor del que hablo no tiene otro interés que no sea la persona de Cristo. Él es el principio y la razón del amor. En otras palabras, la persona de Cristo es la causa y el efecto del amor, sin tomar en cuenta ningún otro origen. La raíz de nuestro amor hacia Él debe basarse en que Él nos amó primero, sin haber recibido ni siquiera algo de nosotros a cambio. En realidad, nosotros no tenemos nada que ofrecerle, excepto un alma contaminada, enfermiza y necesitada.

El amor al cual me refiero no tiene su origen en nosotros, porque es demasiado sublime y perfecto. Si fuera producto de nosotros mismos sería un amor cambiante y fallaría. Pero la clase de amor desinteresado tiene su raíz en Dios y no en nosotros. Así está escrito:

> *"...porque el amor de Dios ha sido derramado en nuestros corazones por el Espíritu Santo que nos fue dado"* (Romanos 5:5).

Nota que el texto dice que es *"el amor de Dios"* y no el nuestro, el que tenemos en nuestros corazones. Esto quiere decir que el amor que nos mueve a "querer amarlo" es de origen divino. Por lo tanto, el amor que sentimos hacia Cristo no nos pertenece. Él es la causa y la acción de este amor que nos mueve y nos impulsa a querer amarlo. Si no fuera así, sería un fracaso total, porque equivaldría a un amor egoísta y ese amor no serviría para nada, como lo vemos en el caso de la gente que seguía a Jesús por los panes y los peces, y algunas veces por sanidad física (Juan 6:26). Pero cuando Él dejó de proporcionar estos elementos, la fila de seguidores disminuyó, para convertirse más tarde en la turba enloquecida que gritaba en el juicio: *"Crucifícale, crucifícale"* (Lucas 23:20-21). ¡Cómo cambia el amor humano cuando las circunstancias son adversas!

Ahora bien, ¿qué por qué quiero amarlo? Te presentaré dos razones básicas:

1. Su amor hacia mí es incondicional.

Mi naturaleza humana está capacitada para amar al que me ama. Amo a aquel que, respondiendo a mi amor, me ama. Pero en el caso de Cristo es todo lo contrario. Él ama hasta a aquel que no responde a su amor, ya que su amor es incondicional, sin previos requisitos. Su amor hacia mí brota de Él espontáneamente, sin que yo le ame o haga algo meritorio. No importa cuál sea mi condición, sea bonito o feo, educado o ignorante, rico o pobre, esté sano o enfermo, esté vivo o moribundo, sea joven o anciano, sea religioso o no, moral o inmoral, creyente o incrédulo, etc. Él me ama a mí y a ti. Él nos ama a todos. Y esta es la realidad del Evangelio, las buenas nuevas que nos dicen: *"Cristo nos ama a pesar de..."*.

El mensaje de la Biblia en todas sus páginas es la revelación de que Dios nos ama sin nosotros merecer su amor. Cristo es digno de ser amado porque Él se presentó a nosotros primero; nosotros no fuimos quienes lo buscamos. Siendo nosotros inmerecedores, sin embargo, habitó entre nosotros; y no solamente esto, sino que también murió por nosotros cuando vivíamos separados de Él y sin ningún interés de acercarnos a Él.

> *"Mas Dios muestra su amor para con nosotros, en que siendo aún pecadores, Cristo murió por nosotros"* (Romanos 5:8).

Dios no puede hacer otra cosa que amarnos, porque esa es su naturaleza: *"Dios es amor"* (1ª Juan 4:8). Mira a la madre como ama a su hijo desde el nacimiento, sea éste lindo o feo según nuestra opinión, o esté sano o enfermo. Piensas tú, ¿cuánto más puede amar Dios?

Para ilustrar lo que quiero decir, he aquí este ejemplo:

En el primer siglo de la era cristiana los griegos tenían una famosa leyenda que ensalzaba el amor humano. Se decía que existió un joven llamado Admetus, el cual era elegante, inteligente, noble y bueno; pero un día se enfermó gravemente, al punto que moriría en pocos días. Al ser llevado al templo de los dioses para pedir su sanidad, recibieron la buena noticia de que había una solución a su inminente muerte. Si conseguían a alguien que se ofreciera en sacrificio en el altar, los dioses sanarían al joven. Inmediatamente pensaron en una muchacha de nombre Alcestis que vivía locamente enamorada de él. Al escuchar la situación, ella dijo que estaba dispuesta a dar su vida para salvar a quien ella amaba de verdad.

Quiero amarlo

Alcestis fue llevada al templo de los dioses, colocada en el altar de sacrificio, y allí fue quemada. Los dioses quedaron satisfechos, y el joven enfermo fue sanado, según la leyenda; de esta forma los griegos daban tributo al amor humano. Ellos veían en la joven Alcestis la expresión máxima del verdadero amor.

Fue dentro de este contexto filosófico griego donde llegó el apóstol Pablo con el siguiente argumento:

> *"Ciertamente, apenas morirá alguno por un justo; con todo, pudiera ser que alguno osara morir por el bueno. Mas Dios muestra su amor para con nosotros, en que siendo aún pecadores, Cristo murió por nosotros. [...] Porque si siendo enemigos, fuimos reconciliados con Dios por la muerte de su Hijo, mucho más, estando reconciliados, seremos salvos por su vida. Y no sólo esto, sino que también nos gloriamos en Dios por el Señor nuestro Jesucristo, por quien hemos recibido ahora la reconciliación"* (Romanos 5:7-8,10-11).

Este pensamiento de Pablo sacudió al mundo griego. El amor de Cristo era y es superior al amor humano. Sí, decía Pablo, se puede dar el caso de que alguien muera por una persona buena y querida, pero el amor de Dios es superior porque Cristo muere por los malos y aún por los enemigos. Cristo es la máxima expresión del amor porque murió en el altar del sacrificio, y no propiamente por los buenos, sino por los malos, los que no lo merecían. Esta clase de amor está contenido en la palabra griega "ágape", que significa amor abnegado, devoto, sacrificado en el sentido pleno de la palabra; no se puede comparar con el amor humano. Es un amor que funciona independientemente de nuestra virtud y de nuestro valor. ¿Qué pudiera hacer para que Dios me ame un poco más? ¡Nada, absolutamente nada! ¿Será esto cierto? Si dudas, entonces mira a Jesús que, con sus manos abiertas clavadas en la cruz, murió por ti y por mí, sin nosotros haber hecho absolutamente nada para merecer tal sacrificio.

Veamos la segunda razón por la cual "quiero amarlo".

2. Su amor hacia mí nunca cambia.

¡Cómo cambia el amor humano! El joven que abandona su pareja con fecha de matrimonio fijada porque descubre al último momento lo inaceptable; el esposo que cambia a su esposa después de 20 años de casado por una muchacha de 18 años; los ancianos que son abandonados por sus propios hijos en asilos; el religioso que se aparta de su amigo porque cambió de iglesia; el cristiano que discrimina a otro por su color, nacionalidad, estatus social o económico, o por la apariencia exterior, etc.

Le doy gracias a nuestro Señor Jesucristo porque su amor es glorioso, excelso y maravilloso, porque su amor es el único amor que no cambia. Es el mismo siempre, no importa lo que suceda en mi interior (lo psíquico) o en mi exterior (lo físico). Cristo me amó ayer (cuando todo estaba bien), me ama hoy (cuando todo anda mal) y de seguro mañana me amará igual. No importa lo que yo haga, sea bueno o malo, no puedo ni aumentar ni disminuir su amor hacia mí. Ni siquiera puedo con mi religiosidad aumentarle un porciento a su amor. Este amor de Cristo no es fluctuante; es consistente y constante. A los judíos infieles, Dios les declaró:

"Con amor eterno te he amado; por tanto, te prolongué mi misericordia" (Jeremías 31:3).

Y a los cristianos problemáticos e infieles de Corinto, les dijo:

"El amor nunca deja de ser" (1ª Corintios 13:8).

Si el amor de Dios fuera alterable, ¿quién de nosotros estaría seguro en su amor? Cuando comprendemos y aceptamos la naturaleza del amor de Dios, entonces comenzamos a estar *"arraigados y cimentados en amor"* (Efesios 3:17). Y concluiremos como dijera el apóstol Pablo:

> *"¿Quién nos separará del amor de Cristo? ¿Tribulación, o angustia, o persecución, o hambre, o desnudez, o peligro, o espada? [...] Por lo cual estoy seguro de que ni la muerte, ni la vida, ni ángeles, ni principados, ni potestades, ni lo presente, ni lo por venir, ni lo alto, ni lo profundo, ni ninguna otra cosa creada nos podrá separar del amor de Dios, que es en Cristo Jesús Señor nuestro"* (Romanos 8:35,38-39).

Cuando contemplamos la inmensa belleza del amor de Cristo nos quedamos embelesados y no podemos hacer otra cosa más que postrados a sus pies y decirle "Gracias, gracias, Jesús". Y como David, adúltero y asesino, fue reconciliado con Dios por su contemplación de Cristo; como María Magdalena, quien liberada, perdonada y salvada por Cristo, sin tener nada que ofrecer más que su necesidad; como Pedro, quien negó a Cristo tres veces, fue reconciliado en un momento de sublime contemplación, en que sus ojos y los de su Maestro se cruzaron por un instante en el juicio; y como el ladrón en la cruz, un indeseable de la sociedad, quien por una sola solicitud a quien también moría a su lado, fue aceptado y salvado por el crucificado Jesús. No hay duda, *"Una mirada de fe es la que puede salvar al pecador"*.

¡Cuántas cosas más podríamos elaborar sobre este maravilloso e insondable tema! Pero mis palabras no son suficientes para describirlo en toda su belleza; por eso para terminar quisiera dejar contigo un pensamiento que lo expresa todo:

> "Todo el amor paterno que ha pasado de generación a generación mediante el canal de los corazones humanos, todas las fuentes de ternura que han brotado en las almas de los hombres, son

> apenas lo que un arroyuelo es al inmenso océano en comparación con el infinito, inagotable amor de Dios.
>
> La lengua no puede expresarlo; la pluma no puede describirlo; puedes meditar en él cada día de tu vida; puedes escudriñar diligentemente las Escrituras a fin de entenderlo; puedes reunir todo poder y capacidad que Dios te ha dado en el empeño de comprender el amor y la compasión del Padre Celestial, y aún así hay un infinito más allá.
>
> Puedes estudiar ese amor por siglos; con todo no podrás comprender plenamente la largura, la anchura, la profundidad y la altura del amor de Dios al dar a su Hijo para morir por el mundo. **La eternidad misma nunca podrá revelarlo plenamente.**
>
> Más, a medida que estudiemos la Biblia y meditemos en la vida de Cristo y el plan de redención, estos grandes temas se abrirán más y más a nuestro entendimiento".[1]

Ya sabemos por experiencia propia que nuestro amor no es confiable, y aun nuestro deseo de "querer amarlo" no es producto de nosotros mismos, sino de Jesucristo. Inspirada, la cristiana francesa Jeanne Guyon (1648–1717), lo expresa así:

Te amo Señor, pero no con un amor mío,
porque no tengo para darte.
Te amo Señor, pero todo el amor es tuyo;
porque con tu amor te amo.
Soy nada, y me gozo en ser vaciada,
perdida, y absorbida en Ti.

Concluimos, por lo tanto, con esta invariable realidad:

Quiero amarlo

"Romperse puede todo lazo humano, separarse el hermano del hermano, olvidarse la madre de sus hijos, variar los astros sus senderos fijos; mas ciertamente nunca cambiará el amor providente de Jehová."[2]

Recuerda, nadie te ama como Jesús te ama.

Referencias:

1. Ellen G. White, *Testimonies for the Church,* (Mountain View, California: Pacific Press Publishing Ass., 1982), tomo 5, pág. 740.
2. Elena G. de White, *El Camino a Cristo*, (Mountain View, California: Pacific Press Publishing Ass., 1961), pág. 16.

Capítulo 6

QUIERO OBEDECERLE

"Si me amáis, guardad mis mandamientos"
(Juan 14:15)

La "obediencia" es uno de los temas de más sensibilidad en la fe cristiana, y por este motivo siento necesidad de pedir a mi Señor que me guíe con su Espíritu para que mis pensamientos sirvan de iluminación y sean correctamente comprendidos. Hoy por hoy sabemos que todas las iglesias han tenido fricción interna por causa de este tema. También se ha discutido intensamente en la historia de la fe cristiana, y tengo la impresión de que permanecerá así hasta que Cristo venga. La razón de este fenómeno se debe a que la obediencia es un factor importante e imprescindible en la vivencia con Dios, que trae seria repercusión, sea negativa o positiva, en nuestras relaciones humanas.

Me parece que no hay necesidad de definir el verbo "obedecer" porque conocemos sus implicaciones. Todos sabemos, en cierta medida, lo que es obedecer y desobedecer. Desde la niñez se nos ha enseñado mucho sobre este concepto; pero en el sentido espiritual reconocemos que existe todavía alguna confusión.

Debido a que este tema es muy amplio, no pretendo en este capítulo explicar todas sus ramificaciones. Por lo tanto, me limitaré a presentar solamente tres observaciones. Espero en Dios que te sirvan para refrescar tu memoria, aclarar algún punto, y te motiven a vivir una vida más obediente para Aquel que pagó tu salvación con su sangre: **Jesucristo.**

1. La obediencia genuina es instantánea, espontánea y un regalo de amor.

Quiero obedecerle

La obediencia natural nace al instante cuando nos damos cuenta *quién* es Cristo y *cómo* nos trata. Es imposible que exista obediencia genuina sin Cristo. Todo lo relacionado a la obediencia bíblica comienza con Cristo, sigue con Cristo y termina con Cristo. Cuando descubrimos su gloria resplandeciente, su condescendencia inigualable, su santidad admirable y su amor incondicional, ese encuentro con su Persona se convierte en la motivación máxima de querer obedecerle en todo lo que Él nos pida. Si Jesús no es la motivación íntima y núcleo de la obediencia, todas las demás motivaciones son ilegítimas.

Creo que cuando una persona tiene un encuentro real con Cristo, no hay que exigirle lo que tiene que hacer, porque dicha persona tendrá el deseo espontáneo de obedecer. Esta fue la respuesta de Isaías cuando vio la gloria de Cristo mientras estaba adorando en el templo: *"Heme aquí, envíame a mí"* (Isaías 6:8). También esta fue la misma reacción de Pablo cuando Cristo se le reveló en el camino a Damasco: *"Señor, ¿qué quieres que yo haga?"* (Hechos 9:6). ¿Podrá existir otra motivación para la obediencia genuina que no sea Cristo? Yo afirmo que *no existe.* Cualquier otra motivación es inconsistente con el espíritu del mensaje del Evangelio.

En realidad, Jesús está más interesado en que tú lo conozcas experimentalmente a que le obedezcas, porque sabe muy bien que cuando te encuentres con Él, tu reacción normal será la obediencia. ¿No te has fijado que en los relatos de los evangelios (Mateo, Marcos, Lucas y Juan) no se menciona ni una vez que Cristo usó explícitamente la orden "obedece"? ¿Por qué sería? Tengo la impresión de que Jesús tenía dos razones básicas.

Primera, Él sabía que la palabra obediencia tenía un concepto muy desviado y erróneo en la mente de los religiosos de su tiempo. Para su audiencia religiosa obedecer equivalía a salvación. Por supuesto, ésta era una desviación satánica del valor espiritual de la obediencia. Por lo tanto, Jesús no la usó para evitar más confusión de lo que ya existía en el ambiente religioso. Por supuesto, Jesús pedía obediencia a sus seguidores usando otra forma de lenguaje. Decía: *"Ni yo te condeno; vete, y no peques más"* (Juan 8:11), *"...vende todo lo que tienes, y dalo a los pobres, y tendrás tesoro en el cielo; y ven, sígueme"* (Lucas 18:22).

Segunda, Él no la mencionó explícitamente porque sabía que la obediencia sería una reacción obvia en aquellos que lo reconocieran como el Salvador de sus vidas.

Hoy día nuestro problema consiste en que ponemos más énfasis en lo "qué" debemos obedecer que a "quién" debemos obedecer. Creo que ésta es la razón básica por la cual nuestra perspectiva del concepto de obediencia está confundida y mal aplicada a la vida cristiana. Necesitamos urgentemente descubrir de nuevo quién es Jesucristo. Cuando esto suceda en tu vida y en mi vida, el resultado será maravilloso, pues obedecerle será tan natural como lo es todo en la naturaleza que nos rodea.

No quiero pasar por alto el ejemplo bíblico clásico de la obediencia espontánea y natural relacionado con María Magdalena, la ex-inmoral. ¿Qué fue lo que ella hizo para demostrar que en verdad amaba a Cristo? Ella gastó el salario de todo un año en adquirir un frasco de perfume para derramarlo a los pies de Jesús (Marcos 14:3-9). ¿Qué la motivó a hacer esto? Ella estaba maravillada por la forma en que Jesús la trataba: la aceptó, la perdonó, le otorgó dignidad, valor, confianza, vida, etc. En realidad, nadie tuvo que decirle a María Magdalena que obedeciera a Jesús. Para ella esto era lo más normal del mundo. ¿Por qué? Ella conocía por experiencia propia quién y cómo era Jesús.

El ejemplo de María Magdalena tiene muchas cosas que enseñarnos en cuanto a la obediencia genuina. Jesús dijo de ella: *"...muchos pecados le son perdonados, porque amó mucho"* (Lucas 7:47). Además, añadió: *"De cierto os digo que dondequiera que se predique este evangelio en todo el mundo, también se contará lo que ésta [María Magdalena] ha hecho, para memoria de ella"* (Marcos 14:9). La vida de esta joven nos recuerda que el amor es el fundamento de la obediencia genuina. No debe existir otra razón para obedecer que no sea el amor a Cristo por lo que Él ha hecho en nuestra vida.

2. La obediencia interior es más difícil que la exterior.

Para iniciar esta parte, quiero hacerte una pregunta personal: ¿es más fácil para ti obedecer el mandamiento "no cometerás adulterio" que eliminar la preocupación que tienes en tu corazón? Para mí es más fácil obedecer los mandatos del Señor que me dicen "traed todos los diezmos al alfolí", "no cometerás adulterio", "no hurtarás", que el mandamiento "no temas". Estoy reflexionando sobre esto con el propósito de ponerte a pensar. ¿No te has fijado que para ti y para mí es más fácil obedecer un mandamiento exterior que uno interior? Por supuesto, las dos clases de obediencia son importantes y necesarias. Lo que estoy tratando de explicar es lo siguiente: lo que tiene que ver con tu alma es más complicado, porque tiene que ver con lo que tú eres, y no con lo que tú haces.

Por consiguiente, tener a Cristo en el interior del alma es vital para la obediencia. En realidad cualquier persona puede obedecer los mandamientos morales exteriores sin ser cristiana, pero obedecer los mandamientos interiores, tales como: "no os afanéis por vuestra vida" (Mateo 6:25) "no temáis" (Lucas 12:32), "no os preocupéis" (Mateo 10:19), "confiad" (Juan 16:33), "estad quietos" (Salmos 46:10), "esperad en Él en todo tiempo" (Salmos 62:8), requiere una experiencia profunda y real con Cristo. Por lo tanto, la mayor necesidad actual de los cristianos es conocer personalmente quién es y cómo es Cristo para poder cumplir con los mandamientos internos.

Jesús nunca amonestó a sus discípulos por desobedecer algunos de los diez mandamientos externos, pero sí los confrontó con desobedecer los mandamientos internos. Les dijo: "¿Dónde está vuestra fe?" (Lucas 8:25); "!Oh generación incrédula! ¿Hasta cuándo he de estar con vosotros? ¿Hasta cuándo os he de soportar?" (Marcos 9:19). "¡Hombre de poca fe! ¿Por qué dudaste?" (Mateo 14:31); "¿Queréis acaso iros también vosotros?" (Juan 6:67); "¿Por qué teméis, hombres de poca fe?" (Mateo 8:26). Pedir a los cristianos la obediencia exterior sin que hayan realizado y experimentado primero la obediencia interior, es causarles daños espirituales; y si obedecen exteriormente, estarían haciéndolo sin sentirlo y, por consiguiente, serían hipócritas, cosa que no deseamos que sean. Con razón Dios anhela escribir primero su ley en nuestro interior antes de escribirla en las dos tablas de piedra exterior:

> *"Pero éste es el pacto que haré con la casa de Israel después de aquellos días, dice Jehová: Daré mi ley en su mente, y la escribiré en su corazón; y yo seré a ellos por Dios, y ellos me serán por pueblo"* (Jeremías 31:33).

¿No te has fijado que los frutos de los árboles nacen del interior del árbol? Para aprender a obedecer interiormente se necesita la savia de Cristo. No hay otra forma de dar frutos de obediencia. Cristo obedeció los mandamientos exteriores porque primero aprendió a obedecer los mandamientos del alma. Nota este pensamiento:

> "*Toda verdadera obediencia proviene del corazón.* La de Cristo procedía del corazón... Cuando conozcamos a Dios como es nuestro privilegio conocerle, nuestra vida será una vida de continua obediencia".[1]

Apreciado lector, si sientes que eres un fracasado por desobedecer los mandamientos internos del Señor no te preocupes. Cristo comprende nuestras luchas internas, pero Él no se detiene allí, nos llama urgentemente a contemplarlo y entonces nos dice con ternura:

> *"Estad quietos, y conoced que yo soy Dios"* (Salmos 46:10).

Lo que tú y yo necesitamos es mirar continuamente a Jesús para aprender a vivir la vida de obediencia verdadera. ¡Qué desafío! Por supuesto, con Cristo y en Cristo, se hace fácil.

3. La obediencia no puede comprar la salvación.

No deseo en este punto ser muy dogmático, sino más bien sencillo y práctico y, por supuesto, Cristocéntrico. En realidad, la obediencia a Dios es simplemente una expresión de agradecimiento. Esta podría ser la fórmula: **Gratitud + Gratitud = Obediencia.** Obedecer para conseguir algo no es gratitud, es un negocio. En los principios de Dios no existe negocio; en otras palabras: la salvación no es negociable. No olvidemos que Jesús significa "Salvador"; nosotros no somos y nunca seremos nuestro salvador. Nunca tu nombre o el mío equivale a salvador, pero el Nombre de Jesús sí (Hechos 4:12). Por lo tanto, ésta es la fórmula del Cielo: **Jesús + Jesús = Salvación.** Cristo fue quien compró nuestra salvación por su obediencia voluntaria. Pablo dice hablando de la obediencia de Jesús:

> *"Y estando en la condición de hombre, se humilló a sí mismo, haciéndose obediente hasta la muerte y muerte de cruz"* (Filipenses 2:8).

Cristo nunca se valdría de la presión psicológica para producir en nosotros obediencia y gratitud. Ambas cosas deben fluir naturalmente de lo más profundo de nuestra alma, así como el sol nace cada mañana. Cuando contemplamos la hermosura de la obra de Cristo a nuestro favor, ¿qué pasa en nuestro corazón? ¿No nacerá en él una reacción de admiración y gratitud? ¡Claro que sí! Alguien dijo con mucho sentido: "El amor nunca deja de ser agradecido". El fin de la gratitud nunca debe ser conseguir. Por consiguiente, obedecer (en lo que sea) para conseguir algo es ser ingrato con Cristo Jesús. El siguiente pensamiento aclara lo que estamos diciendo:

> "No ganamos la salvación con nuestra obediencia; porque la salvación es el don gratuito de Dios, que se recibe por la fe. Pero *la obediencia es el fruto de la fe*".[2]

Siendo que "la obediencia es el fruto de la fe", no debemos concentrarnos en el fruto sino más bien de dónde nace el fruto. El fruto de la fe nace de Cristo; y siendo que la fe no es nuestro salvador, sino Jesucristo, debemos mantenernos arraigados en Él, como se mantienen las ramas en el tronco del árbol. Todo lo que nosotros hacemos es el resultado directo de la obra de Cristo en nosotros. No podemos darnos ningún crédito, porque todo crédito pertenece a Cristo. En realidad, lo mejor que hacemos sin Cristo está contaminado de egoísmo, cosa que no queremos tener en nuestro corazón. No hagamos como el hombre de la siguiente ilustración:

> "Durante un naufragio un hombre le tiró una tabla a una persona que se estaba ahogando. Este, después de hallar en ella su salvación, preguntó: '¿Cuánto cuesta la tabla?' Estoy tan agradecido que quiero pagarte la madera".

En realidad, las obras de obediencia son necesarias, pero siempre deben ser el resultado de la gratitud profunda que proviene del amor a Jesucristo, no para tratar de compensar de alguna manera a Dios el beneficio imponderable de la salvación eterna otorgada por Él. Obedecer o pagar algo para obtener la salvación es un insulto a la misericordia y la bondad de Dios.

Como conclusión a este delicado tema, veamos la siguiente ilustración:

Quiero obedecerle

Durante el comercio de ventas de esclavos en América un joven africano fue comprado por un hacendado cristiano. Mientras salía de la ciudad y se dirigía hacia la plantación, el esclavo le dijo enfáticamente varias veces a su dueño: "No trabajaré para usted". El cristiano detuvo el carruaje, sacó una llave y desatándole las cadenas le dijo: "Tú no necesitas trabajar para mí, desde este momento eres libre. Te compré con el propósito de darte la libertad; vete, estás libre". El joven no entendía lo que estaba pasando. A las pocas horas, regresó, y le dijo al cristiano: "Señor, en verdad usted ha hecho algo extraordinario por mí al darme libertad; ahora sí quiero trabajar para usted, dígame lo que tengo que hacer para usted, y con mucho gusto lo haré".

Este relato nos presenta que la raíz de la verdadera obediencia es la gratitud por lo que alguien ha hecho por nosotros sin merecerlo. ¿Qué es lo que te impide obedecer a Cristo? Medita en lo que Él ha hecho y está haciendo por ti. Cuando reconozcas y asimiles lo que Cristo significa para ti, la obediencia será lo más natural y espontáneo de tu vida. No olvides que "querer obedecerle" no es estático, sino dinámico y activo.

Es posible que no sientas el deseo de querer obedecer algún mandamiento específico de Dios, o quizás estás incómodo o rebelde con lo que Él te pide. Si es así, lo que necesitas es una sobredosis de relación con la persona de su Hijo Jesucristo. No hay mejor medicina para eliminar la confusión en la obediencia que un nuevo descubrimiento de su extraordinaria Persona. Él anhela ese maravilloso encuentro contigo. Él quiere producir un cambio en tu vida que transforme tus actitudes y valores, y entonces saldrá de lo más profundo de tu alma el deseo de decirle: *"Señor, ¿qué quieres que haga?"*

Referencias:

1. Elena G. de White, *Deseado de Todas las Gentes,* (Mountain View, California: Pacific Press Publishing Association, 1955), pág. 621.
2. Elena G. de White, *El Camino a Cristo,* (Mountain View, California: Pacific Press Publishing Association, 1961), pág. 61.

Capítulo 7

QUIERO SERVIRLE

"...y por todos murió, para que los que viven, ya no vivan para sí, sino para aquel que murió y resucitó por ellos"
(2ª Corintios 5:15)

Servir es una experiencia cristiana que produce mucha satisfacción personal cuando se hace con el debido motivo. Cuando hablo de servicio me refiero a toda clase de ayuda verbal, física o material que se ofrece a una o a varias personas sin importar quienes son, y sin esperar de dichas personas ninguna recompensa, pago o gratitud: simplemente queremos hacer un bien o un favor.

Al hablar de servicio, hay que expresarse con mucha cautela y sabiduría, porque en nombre del "servicio" se han creado enfermedades psicológicas, producto de presiones mentales por aquellos que promueven el servicio cristiano utilizando un lenguaje de presión, produciendo así sentimientos de culpabilidad. La culpabilidad es la reacción mental o emocional que experimentamos cuando sentimos que somos responsables de hacer o no hacer aquello que se nos pide, o que, según nosotros, debemos hacer. Desafortunadamente, muchos de los que promueven el servicio cristiano usan palabras de control, coacción, o manipulación psicológica. Entonces, en lugar de que las personas sirvan a su prójimo o a la iglesia en forma natural y espontánea, lo hacen sintiendo que es una obligación, o un deber. En este caso el servicio se convierte en una carga, una cruz, una tarea agotadora, en vez de un motivo de placer.

En mi experiencia como cristiano y pastor de iglesia, he notado que también he sido culpable de realizar servicio motivado por presiones humanas. También debo confesar que, por falta de una relación más estrecha con Cristo, he promovido el servicio cristiano usando presiones inaceptables. Hoy puedo decir que, debido a mi nuevo descubrimiento de Jesucristo, que mi servicio cristiano (predicación, enseñanza y obras humanitarias) tienen un fundamento más genuino y sólido. Siendo que Jesús me ha libertado de tantas enfermedades de culpabilidad, ahora siento más gozo y satisfacción en servir a mi Dios y a mi prójimo.

Sin duda es la ausencia de Cristo lo que daña las obras de servicio que prestamos. A medida que Cristo llena nuestra alma de sí mismo, el servicio cristiano se va convirtiendo en algo espontáneo y natural. Pues es precisamente el plan de Jesucristo crear en nosotros una actitud de servicio que no provenga de ninguna clase de presión; que hagamos la obra sin ningún esfuerzo y sin más motivación que la gratitud misma que sentimos hacia Dios, quien nos ha servido desinteresadamente.

Por consiguiente, quisiera dentro de este tema mencionar dos factores sumamente importantes para que nuestra vida de servicio sea de mayor alegría y satisfacción.

1. Cristo produce el placer del servicio.

Nota que el título de este tema es "Quiero Servirle" en lugar de "Debo Servirle". El servicio no es un deber ni una obligación que nosotros le "debemos" a Dios o al prójimo. Con la expresión "quiero servirle" estamos diciendo que el servicio es un deseo natural y espontáneo del alma, que tiene como ingrediente un espíritu de gratitud, gozo y satisfacción. Este sentimiento nace en forma natural, causado por el amor que sentimos hacia Cristo. Por consiguiente, todo servicio genuino tiene como objetivo la persona de Cristo, quien nos ha servido, entregándose abnegadamente para nuestra salvación y felicidad. Notemos que la vida de servicio de Cristo no estaba dirigida a los seres humanos sino que Él se complacía en servir para agradar a su Padre:

> *"Porque el que me envió, conmigo está; no me ha dejado solo el Padre, porque yo hago siempre lo que le agrada"* (Juan 8:29).

Este principio fue vital en la vida de Cristo. Si no hubiera sido así, Cristo no hubiese podido soportar los rechazos y los maltratos verbales y físicos que recibió por aquellos a quienes Él vino a ayudar y a salvar.

El servicio que se presta a favor de los seres humanos tiene sus riesgos. Jesús conocía esta realidad y también la causa. Él sabía que debido a la naturaleza pecaminosa humana muchos lo rechazarían y dudarían de sus motivaciones cuando les servía. Una vez le dijeron al terminar de sanar a un mudo endemoniado: "por Beelzebú, príncipe de los demonios, echa fuera los demonios" (Lucas 11:15). Sin duda alguna las calumnias que le levantaban sus acusadores estaban fuera de lugar; pero Jesús se mantenía invariable en su servicio. A nosotros sí se nos hace difícil seguir sirviendo cuando se nos juzga mal. Yo he tenido esta experiencia.

Cierta vez, alguien cuestionó mis motivaciones en mi servicio educativo a la hermandad cristiana. Realmente lo que dijo me sorprendió y me dejó aturdido por las horrendas acusaciones; me parecía mentira lo que escuchaba. En mi mente estalló una tormenta: ¿Qué hago? ¿Qué digo? Traté de explicarle al acusador, pero él no escuchaba ni entendía mis sentimientos. Estuve varios días con el corazón herido. Una mañana temprano, mientras caminaba leyendo un libro de oración, el Espíritu Santo habló a mi corazón y me dijo: "Mira a la serpiente levantada en el asta, mira a Jesucristo levantado por ti, Él curará la mordida venenosa de la serpiente". Así lo hice e inmediatamente mi corazón fue sanado. Fueron devueltos la visión y el propósito de mi servicio. Fue como si el Señor me estuviera diciendo: "Tú haces ese servicio educativo para mí, no para fulano; deja que él piense y diga lo que quiera de ti. Tú mírame a mí y sírveme".

¡Cristo es realmente maravilloso! Él aclara la razón de nuestro servicio. Él es el principio y el fin de todo lo que hacemos. Si mantenemos esta realidad en nuestro servicio no nos desanimaremos, ni dejaremos de servir; porque Él es la causa y la motivación de nuestro servicio. ¡Alabado sea su Nombre!

No me había fijado que en este relato de las serpientes ardientes (Números 21:4-9) Dios no contestó la petición del pueblo de que eliminara las serpientes, sino que se las dejó y les proveyó a su vez una serpiente de bronce levantada en un asta, símbolo de Cristo, la solución. Dios a veces no elimina el problema, pero sí nos brinda un mejor escape, la contemplación de Cristo.

El secreto de Cristo para mantenerse sirviendo a los seres humanos ingratos, impíos y calumniadores era mantener sus ojos fijos en su Padre celestial. Esta era la única manera en la cual él podía cumplir con la misión de su vida. El apóstol Pablo nos señala la clave de Jesús:

> *"...el cual por el gozo puesto delante de él sufrió la cruz, menospreciando el oprobio, y se sentó a la diestra del trono de Dios"* (Hebreos 12:2).

Cristo no miraba el pasado doloroso ni el presente con sus frustraciones, sino el gozo que el futuro le traería cuando Él viera el fruto de las almas salvadas en su reino.

Mirándolo desde nuestra perspectiva moderna, la vida de servicio de Cristo fue un fracaso total. Al final de su vida sus admiradores lo dejaron solo y sus enemigos lo crucificaron. Al final de su ministerio no hubo estadísticas impresionantes. Sin embargo, porque Él puso sus ojos en su Padre y en el futuro triunfante, soportó el oprobio.

Es posible que a muchos de nosotros que servimos a los seres humanos nos pase lo mismo que a Jesús. Pero no importa; cuando lleguemos a su reino veremos por primera vez el fruto de nuestro servicio, y allí, viendo a Cristo y a las personas que le conocieron por nuestra vida de servicio, concluiremos que nuestra vida no fue en vano.

Hoy, como nunca antes, necesitamos mantener nuestros ojos también concentrados en Cristo, Autor y Consumador de la fe. De lo contrario, nuestro enemigo Satanás tarde o temprano hará que perdamos de vista el propósito de nuestra vida, que es servir para la gloria de Dios. Apreciado lector, no te desanimes en medio de las frustraciones del servicio humano. Es cierto que existen personas que nos causan dolor y oprobio, pero no dejemos de servir porque al final de nuestra vida Jesús nos dirá:

> *"Bien, buen siervo y fiel; sobre poco has sido fiel, sobre mucho te pondré; entra en el gozo de tu Señor"* (Mateo 25:21).

2. No esperes reconocimiento ni recompensa por tu servicio.

Nuestra naturaleza pecaminosa anhela desesperadamente ser reconocida por lo que hace, especialmente cuando hace algo noble y bueno. A veces el servicio, cualquiera que sea, es la droga que utilizamos, sin darnos cuenta, para darle importancia a nuestra estima propia. En el nombre de nosotros y para nosotros buscamos posiciones de servicio cristiano para luego sentirnos mal cuando no se reconocen nuestros esfuerzos. Creo que es apropiado dar gracias y reconocimiento a aquellos que ofrecen sus servicios abnegadamente, pero tenemos que hacerlo de tal manera que exalte el nombre de Jesucristo y no de la persona. Tengo la impresión de que los nombres de las obras más genuinas de servicio humano no están registrados en la historia humana, sino en la mente de Dios.

Al mirar la vida de servicio de Cristo notamos que Él no alimentó su ego. En realidad, Cristo no esperaba nada de nadie; al contrario, Él servía sin esperar recompensa de ninguna clase. Su lema era:

> *"Porque el Hijo del Hombre no vino para ser servido, sino para servir, y para dar su vida en rescate por muchos"* (Marcos 10:45).

Cristo pudo terminar la obra del Padre porque llevaba muy claro en su mente el propósito de su vida: revelar a su Padre en todo lo que hacía. Su vida fue una vida de servicio abnegado. Él reveló más su misión a través de una toalla y una vasija de agua cuando les lavó los pies a sus discípulos que predicándoles un sermón.

Si hubo alguien en esta tierra que debería haber recibido algún reconocimiento o recompensa por su servicio, fue Jesucristo. Sin embargo, Él nunca aceptó nada, ni aun un halago, como en el caso del señor que le dijo: "Maestro bueno..." (Lucas 18:19). A dicho reconocimiento, Cristo le contestó: "¿Por qué me llamas bueno? Ninguno hay bueno, sino sólo Dios" (Lucas. 18:19). Esta respuesta de Cristo contiene una enseñanza significativa. Una de las cosas que nos enseña es que lo realizado no es producto de nuestra virtud sino de la bondad de Dios mismo. Por lo tanto, no deberíamos esperar ningún crédito a nuestro nombre por las obras realizadas, porque al final de cuentas el crédito es de Dios, quien las realizó a través de nosotros.

¿Qué recompensa recibió Cristo por todas sus obras realizadas en esta tierra? La cruz fue su recompensa. Aparentemente todo lo que hizo fue para nada. El reconocimiento y la recompensa que Cristo buscaba no estaban en los humanos. Hubiera fracasado totalmente si hubiera esperado algún reconocimiento de ellos. Aun el título puesto en la cruz por Pilato "Jesús nazareno, Rey de los Judíos" (Juan 19:19), fue una expresión de burla. Por lo tanto, la meta de Cristo en los servicios que realizaba no era para su gloria, sino para dar a conocer el nombre y la gloria de su Padre:

> *"Yo te he glorificado en la tierra; he acabado la obra que me diste que hiciese"* (Juan 17:4).

El nombre y la gloria de Cristo debe ser también la meta de nuestros servicios. Es cierto que se nos prometen innumerables recompensas por nuestros servicios en la vida venidera; pero a medida que Cristo se vaya convirtiendo en la razón de la vida, las recompensas van perdiendo su valor e importancia. Al final de cuentas, Cristo es lo más importante en todo lo que hacemos, y no nosotros, seres humanos hechos de barro.

Te he presentado a Cristo como el ejemplo clásico de abnegación en el servicio para que tú y yo podamos reconocer nuestra gran necesidad de Él. No trates de copiar este ejemplo, porque fracasarás. Lo único que tú y yo podemos hacer es contemplar su divino rostro y dejar que Él llene nuestra vida con su vida. No busques el resultado de lo que suceda en ti. Búscalo a Él, solamente a Él. No se podía decir mejor de cómo lo presenta el siguiente consejo inspirado:

> **"Piérdase en Él nuestra personalidad".[1]**

Por lo tanto, si en cualquier momento sientes que tu servicio es una carga, una cruz, un deber agotador, es porque te has alejado de Cristo, pero si vuelves tu vista rápidamente con confianza hacia Él, entonces hallarás descanso para tu alma.

Por último, quiero compartir contigo este pensamiento que ha sido tan significativo y útil en mis años de servicios:

> "Al terminar una obra, jamás te entregues a pensamientos reflexivos personales de ninguna especie, ya sea de felicitaciones o de desesperación. Desde el momento que las cosas pasan, olvídalas, dejándolas con el Señor".[2]

Referencias:

1. Elena G. de White, *El Camino a Cristo,* (Mountain View, California: Pacific Press Pub. Ass., 1961), pág. 72.
2. Hannah Whitall Smith, *El Secreto de Una Vida Feliz,* (Caparra Terrace, Puerto Rico: Editorial Betania, 1980), pág. 168.

Capítulo 8

QUIERO ESCUCHARLO

"...las palabras que yo os he hablado son espíritu y son vida"
(Juan 6:63)

Desde que nacimos hemos sido bombardeados por infinidad de palabras, comenzando con las de nuestros padres, familiares, maestros, predicadores, amigos y un sinnúmero de otras personas que han contribuido a la formación de nuestra personalidad. Existe un poder extraordinario en la palabra, tanto escrita como hablada, que al leerla o escucharla se convierte en uno de los factores que más impacta nuestra vida. Ella puede crear ánimo o desánimo, esperanza o desesperanza, lágrimas o sonrisas, tristeza o alegría, guerra o paz, triunfo o derrota, muerte o vida. En resumen, nuestro carácter y todo lo relacionado con nuestra vida están íntimamente ligados a la palabra.

Es en este contexto de trascendencia que surge la urgente necesidad de aprender a escuchar la palabra más poderosa que existe en el mundo de la comunicación: *la palabra inmortal de nuestro Señor Jesucristo.* Es Él quien establece en forma indicativa el porqué de la gran diferencia de su palabra al declarar:

> *"...las palabras que yo os he hablado son espíritu y son vida"* (Juan 6:63).

Jesús señala en esta forma que los factores "espíritu y vida" son los ingredientes más importantes al hablar, ya que la vida es la búsqueda y el anhelo supremo de nuestra alma. ¿Podría existir algo más importante que la vida? Sin duda alguna que no. La vida es el tesoro por excelencia; el impulso innato de todas las aspiraciones humanas.

Por supuesto, la palabra articulada tiene influencia, autoridad y poder de vida según quien la expresa; además, por el tipo de palabras utilizadas, y finalmente si el testimonio de quien habla concuerda con lo que ha dicho.

Cuando Jesús declaró que sus palabras contenían vida era porque salían de sus propios labios, siendo Él nuestro único Dios/hombre. No ha existido ni existirá nadie como Él. Todas sus palabras eran respaldadas completamente por su personalidad limpia, pura y por sus hechos auténticos de vida. Él vivía lo que comunicaba: Dijo que perdonaría a los pecadores y así lo hizo; que moriría por los impíos y por sus enemigos, y así lo hizo; y que resucitaría de la tumba, y así lo hizo. Todo lo que dijo que haría lo cumplió al pie de la letra. ¿Qué te parece... fallará hoy? ¡De ninguna manera!

En el tiempo de Jesús la sociedad vivía en confusión, inseguridad, temor, opresión, descontento y desilusión por falta de palabras auténticas. Las palabras que se escuchaban de los gobernantes, filósofos, educadores y de los predicadores religiosos, contenían elementos negativos de falsedad, distorsión, engaño, manipulación, opresión y pesimismo. Pero Jesús llegó en el momento preciso de la historia de la comunicación humana, usando un lenguaje diferente al que las personas estaban acostumbradas a escuchar. En su relato, Mateo, uno de los discípulos que caminó cerca de Jesús, dijo:

> *"Y cuando terminó Jesús estas palabras, la gente se admiraba de su doctrina; porque les enseñaba como quien tiene autoridad, y no como los escribas"* (Mateo 7:28-29).

En sus palabras Jesús traía luz en medio de las tinieblas, verdad en medio del error, libertad en medio de la esclavitud y esperanza en medio del caos. Ellas contenían los elementos buenos que los oídos humanos necesitaban escuchar: amor, esperanza, sinceridad, integridad, verdad, poder, libertad y vida. Estos eran los ingredientes donde nítidamente se fundamentaba la suprema autoridad de Jesús. Con razón sus discípulos sintieron su gran necesidad y le declararon: *"Señor, ¿a quién iremos? tú tienes palabras de vida eterna"* (Juan 6:68). ¿Podría existir alguien que hablara como Jesús? Ellos en verdad no lo habían encontrado antes. Jesús era quien llenaba todos los requisitos. Sus palabras traían libertad de todas las opresiones existentes: espirituales, religiosas, sociales, económicas, raciales, machistas, satánicas y de las enfermedades físicas y psicológicas. Verdaderamente las palabras de Jesús estaban en completa oposición a las palabras opresivas, huecas, discriminadoras, vacías y muertas de los seres humanos de su época.

¿Habrá cambiado nuestra sociedad hoy? Claro que no. Creo que si no está igual, está peor que antes. Por lo tanto, hoy es de igual urgencia que sea escuchada la voz de Jesús. Aunque su presencia no es visible para nosotros, esto no significa que Jesús ha dejado de hablar, el problema es que el hombre ha dejado de escuchar. Pero Jesús todavía continúa hablando. Esta es su naturaleza: comunicar. Su voz es transmitida del norte al sur, del este al oeste. No hay un espacio en la tierra donde su voz no esté latente y viva, y no está limitada solamente a las Sagradas Escrituras. Él también se comunica con su creación en forma misteriosa que nosotros con nuestra mente finita no podemos entender ni explicar.

Dios no está mudo. Él todavía habla y seguirá hablando. Si no lo escuchamos es porque no estamos poniendo atención. El hecho de que el sol no se vea en un día nublado no significa que ha dejado de existir. De igual manera, el hecho de que no escuchamos su voz no significa que no está resonando; la escucha el sordo, el ciego, el analfabeto, aun aquel que se encuentra en estado de coma. Cierto día mientras conversaba con mi amigo Rodney, me dijo: "Cuando en el asalto la bala disparada penetró mi cuello, dejándome casi muerto, paralizado y en coma, la única voz que escuchaba era la voz de Dios que me decía: "No temas, no te preocupes, yo estoy aquí contigo y te sacaré de esta condición". Los médicos no garantizaban su vida y mucho menos que pudiera caminar. Pero hoy, no solamente Rodney habla, sino que además camina, y es un fiel creyente y discípulo de Cristo. ¡Gloria a su bendito nombre!

Muchos estamos convencidos que su voz es articulada en todo el universo, y en la tierra puede ser oída por aquellos oídos que están afinados a su tono. Quizás no nos damos cuenta de esta realidad porque nuestros oídos se han acostumbrado a escuchar otros tipos de sonido: el del materialismo, la vanidad, lo secular, lo temporal, lo placentero. Muchos usan sus oídos para escucharse a sí mismos, y es por eso que no pueden escuchar lo que Dios les quiere decir.

Para escuchar y distinguir mejor su voz se necesita una constante relación con Jesucristo. Si autorizamos a Jesús a que establezca su anhelada amistad con nosotros, de cierto podríamos escuchar su voz más nítida y constante. De esta forma desarrollaremos el hábito de escucharlo, nuestro oído se acostumbrará de tal forma que sabremos cuando nos está hablando y no seremos confundidos por otras voces extrañas, sea la nuestra o la del enemigo de nuestras almas. Manteniendo una estrecha relación con Él, aprenderemos a vivir como Él vivió, escuchando a su Padre celestial todo el tiempo.

¿No es acaso al amigo íntimo que le comunicamos nuestras cosas personales? Precisamente esto es lo que Jesús desea hacer con nosotros. Por supuesto que Él habla a todos los humanos, pero las cosas íntimas de su persona no son comunicadas a los reconocidos eruditos, entendidos, iluminados o educados, sino más bien se las revela a quienes han establecido una amistad especial con Él (1ª Corintios 1:25-29).

Escuchar y conocer esa voz es la gran necesidad de los que vivimos en el fin del tiempo. ¿Qué otra cosa podría auxiliar a nuestro pobre, maltratado y enfermo corazón, que no sea la palabra de Jesús? Fueron las palabras de nuestro Señor Jesucristo las que limpiaron las vidas de los discípulos. Él les dijo:

> *"Ya vosotros estáis limpios por la palabra que os he hablado"* (Juan 15:3).

Es cierto, las palabras de Jesús hacen cosas increíbles. Por ejemplo, al cruel y vengativo Juan, lo hizo tierno y compasivo; al discriminador Pedro, lo hizo comprensivo y amoroso; al egoísta y materialista publicano Mateo, lo hizo dadivoso y servicial; al dudoso e incrédulo Tomás, lo convirtió en creyente. En fin, los discípulos nunca más fueron lo que antes eran después de haber recibido las palabras de Jesús. Realmente ellas son las que más suavizan, enternecen y subyugan al alma.

¿Qué tienen las palabras de Jesús que las hacen poderosas como ninguna otra? Cuando las escuchamos y las recibimos, de inmediato sentimos su energía creadora y transformadora. He aquí el testimonio de alguien que sintió su influencia:

> *"Fueron halladas tus palabras, y yo las comí; y tu palabra me fue por gozo y por alegría de mi corazón; porque tu nombre se invocó sobre mí, oh Jehová Dios de los ejércitos"* (Jeremías 15:16).

¿Cómo podemos saber que estamos escuchando sus palabras y no otras? Existen varias características que hacen evidente su presencia auténtica. He aquí algunas de ellas:

-Nuestra mente discierne una nueva y hermosa perspectiva del carácter tierno y amoroso de Jesús.

-Nos sentimos compungidos de corazón, o sea, reconocemos nuestras deficiencias y pecados; y al mismo tiempo se inicia la liberación de aquellos hábitos adquiridos o heredados que nos mantenían esclavos; y surge un nuevo amanecer de nuevos valores y actitudes sanas.

-Sentimos que nuestro pasado fracasado y oscuro ha sido perdonado. Se disipan las dudas y nuestra mente comienza a discernir con claridad el camino a seguir.

-Físicamente a veces saldrán algunas lágrimas y una quietud invade todo nuestro ser.

-Emocionalmente sentimos paz, descanso y reposo en nuestra alma, o a veces hasta molestia e incomodidad. Lógico que sí pueden surgir dichas reacciones, porque la palabra está penetrando y señalando algo en nuestro carácter que no nos gusta que se toque. Jesús dijo: *"No penséis que he venido para traer paz a la tierra; no he venido para traer paz, sino espada"* (Mateo 10:34). Es cierto, a veces las palabras de Jesús molestan; pero si seguimos escuchándolas, nuestra actitud cambiará.

Por supuesto, no debemos hacer de las manifestaciones el punto de concentración. Al contrario, es muy importante mantener nuestra atención en las palabras de Jesús, ya que ellas son permanentes, mientras que nuestros sentimientos son variables.

Es Jesús quien le da vida a las palabras humanas; sin Él, nuestras palabras son artificiales, carentes de sinceridad, pureza y poder. Y tiene que ser así, pues las mentes que viven separadas de Jesús se acostumbran a vivir en el orgullo y el egoísmo de la vida. ¿Podrán salir aguas limpias de un manantial sucio? ¿Podrán salir sonidos claros de un instrumento con defectos?

Hoy muchos viven muy engañados. El hombre ha creído la mentira de que en las palabras humanas hay sabiduría, poder y vida; pero las evidencias sociales demuestran todo lo contrario. Vivimos en un mundo de desconfianza, opresión y de discriminación, producto de las mentiras, el fraude, el engaño, el oportunismo, las sospechas y las intrigas. Las palabras de los hombres simplemente son palabras de los hombres, y en ellas no existen los elementos de vida que nuestra alma necesita y busca.

¿Qué diferencia hay entre las palabras de Jesús y las del hombre común? Básicamente la diferencia estriba en que las palabras humanas encauzan nuestros valores y nuestras actitudes hacia las apariencias, dejando sin tocar lo que somos en realidad, mientras que las palabras de Jesús tocan y transforman lo que somos, es decir, nuestra esencia. Y una vez que nuestro interior queda afectado por el impacto poderoso de las palabras de Jesús, de ahí en adelante lo exterior toma su curso natural de vida.

Notemos el trabajo específico de la Palabra de Dios:

> *"Porque la palabra de Dios es viva y eficaz, y más cortante que toda espada de dos filos; y penetra hasta partir el alma y el espíritu, las coyunturas y los tuétanos, y discierne los pensamientos y las intenciones del corazón"* (Hebreos 4:12).

Reemplazar las palabras de Jesús con las palabras humanas es el engaño más fatal. Cuando los hombres dejan fuera de sus mentes la palabra de Dios, ellos no pueden darse cuenta de que en su grandeza se hacen pequeños, en su riqueza se hacen pobres, en su sabiduría se hacen insensatos, y en su suficiencia propia se hacen impotentes.

Y es por esta razón que necesitamos volver de nuevo a poner nuestros oídos hacia la dirección de donde se comunican las palabras de Dios: la Biblia y la revelación de Dios, Jesucristo, el Señor y Salvador. Él es de quien se dice:

> *"Dios, habiendo hablado muchas veces y de muchas maneras en otro tiempo a los padres por los profetas, en estos postreros días nos ha hablado por el Hijo, a quien constituyó heredero de todo, y por quien asimismo hizo el universo; el cual,*

siendo el resplandor de su gloria, y la imagen misma de su sustancia, y quien sustenta todas las cosas con la palabra de su poder, habiendo efectuado la purificación de nuestros pecados por medio de sí mismo, se sentó a la diestra de la Majestad en las alturas" (Hebreos 1:1-3).

Jesús es el excelente comunicador de las realidades de Dios. Él no guarda silencio, y nunca dejará de hablar. A través de su Hijo Jesucristo Él continúa hablando. Es por esta razón que a Jesús se le llama el "*Verbo*" [la Palabra] (Juan 1:1), indicando así su continuo empeño de comunicar su carácter y sus propósitos a favor de cada uno de nosotros. En la vida y en la voz de Jesús hay energía de vida porque contienen sinceridad, amor y poder, trayendo en dicho lenguaje liberación de la cárcel de las palabras humanas.

Es muy cierto que somos lo que pensamos, y somos lo que escuchamos. Escuchar es un don extraordinario. Siempre estamos escuchando. Es a través del sentido del oído que nuestra mente también se alimenta. Y es por esta razón que, en este tiempo de tantas comunicaciones, tales como: la radio, televisión, teléfono, fax, periódicos, revistas, libros y lo último del mercado, el conocido sistema de comunicación mundial de computadoras, "Internet", que necesitamos dirigir nuestros oídos hacia Jesús y solamente hacia Él. En Él está nuestra esperanza y nuestra liberación, sus palabras son las únicas que contienen la autoridad inequívoca y firme que nuestra mente confundida necesita escuchar. Donde hay enfermedad, Él trae sanidad; donde hay opresión, Él trae liberación; donde hay tristeza, Él trae alegría; donde hay desconsuelo, Él trae esperanza; donde hay depresión, Él trae descanso; donde hay conflictos, Él trae paz; donde hay incertidumbre, Él trae seguridad; donde hay temor, Él trae valor; donde hay suciedad, Él trae limpieza; y donde hay muerte, Él trae vida.

Creyendo en este maravilloso Jesús no seremos defraudados, pues sus palabras son palabras de verdad, de luz y de vida.

En cuanto a las Sagradas Escrituras deseo establecer su importancia como la voz de Dios. Sus páginas no son simplemente relatos históricos de sucesos, fechas, culturas y personajes intrascendentes. No, son mucho más que eso; son en realidad los relatos de Dios, o sea, el libro de Dios. Su misión no es informar los hechos de los hombres, sino relatar los hechos de Dios por y para los seres humanos. No se debe leer la Biblia para recibir información, sino para establecer una relación de amor con su Autor.

No es el libro a quien debemos de amar, sino al originador del libro, a Dios. No fue escrita solamente para enseñar lecciones de asuntos morales, nuevos estilos de vida, dogmas o conceptos entretenedores, sino más bien para señalar hacia el Dios que anhela una relación íntima con nosotros. Hoy la gente conoce el libro la Biblia, pero son muy pocos los que conocen a su Autor. ¡Qué pena que muchas veces suceda así! Se estudia la Biblia pero no se encuentran con el que se quiere revelar, a Jesucristo. El señaló que las Sagradas Escrituras existen con el exclusivo propósito de revelar su Persona, su vida y su sacrificio por nosotros. Él dijo:

> *"...ellas son las que dan testimonio de mí"* (Juan 5:39).

¿De qué más podría hablar la Biblia que no sea revelar la vida de nuestro maravilloso Salvador y Señor Jesucristo? La Sagradas Escrituras no tienen otro fin que revelarnos las bellezas del amor de Dios al entregar a su Hijo Jesucristo. Él es el todo de su contenido. Al escudriñarla descubriremos porqué fue necesario que Jesús abandonara su lugar en el cielo, dejando su corona y ropas reales, para vestir su divinidad con la humanidad. Entenderemos que para beneficio nuestro vivió entre nosotros, tomando la humanidad caída con todas sus miserias y pecados; se hizo pobre para así hacer a muchos de nosotros ricos, asegurándonos un lugar con Él en la eternidad (2ª Corintios 8:9). Al contemplarlo, nuestra mente quedará embelesada y experimentaremos un poco de lo que dijera el apóstol Pablo con relación a Cristo:

> *"Cosas que ojo no vio, ni oído oyó, ni han subido en corazón de hombre, son las que Dios ha preparado [entendimiento de Cristo] para los que le aman"* (1ª Corintios 2:9).

Es evidente que la Biblia pierde su poder intrínseco cuando ignoramos a su Autor y su revelación, Jesucristo. Es por esta razón que es extremadamente importante mantener la presencia de Jesucristo en toda las Sagradas Escrituras. Al decir Jesús, *"...las palabras que yo os he hablado son espíritu y son vida"* (Juan 6:63), está indicando que la Biblia contiene vida porque Él es quién proporciona la vida. Sin Él en el centro, no existe palabra de vida y por consiguiente son simplemente palabras inútiles. Hoy, aun en la iglesia, a veces nos sentimos chasqueados al escuchar en la predicación la retórica analítica según el pensamiento humano y no según Jesucristo. Cualquier otra cosa que sustituya la predicación de la Palabra centrada en Cristo sería una prostitución del púlpito cristiano. Predicar la Palabra es la misión exclusiva del ministerio (2ª Timoteo 4:2). Jesús no fundó la iglesia para que en ella se pregonen las palabras de los análisis humanos sin Cristo. Caer en esta trampa desvía el propósito legítimo de la iglesia. Ella existe para ser guardián de la Palabra y para levantar a través de ella el personaje central: Jesucristo (1ª Timoteo 3:15). Desviar la iglesia hacia otra cosa sería considerado por el Cielo como la traición más grande contra Jesús.

Necesitamos volver urgentemente a utilizar la palabra de Dios sin diluirla y sin mezclarla, presentándola pura y concentrada en el lenguaje bíblico de la redención efectuada en la cruz del Calvario por Jesucristo (Hechos 24:44-47). En todo mi caminar a través de la vida, escuchando y leyendo, no he encontrado nada que impresione e impacte mi mente y la de otros como las descripciones de la vida de Cristo y particularmente las escenas del calvario. Ellas constituyen la única salvaguardia para la familia y también para la iglesia en esta era peligrosa y destructora de los valores eternos. No existe otro recurso o escapatoria, la revelación de Jesucristo es la gran necesidad de todos nosotros, sea cual fuere nuestra condición.

Cuando se comunica la palabra de Dios en su esencia con Cristo es cuando entonces nuestro poderoso Señor Jesucristo se hace presente en la congregación, y sentimos que el esfuerzo hecho para llegar a la iglesia no fue en vano. Envolver y entretejer la palabra con Jesús crea en el ambiente una atmósfera de quietud, recogimiento y reverencia, produciendo en el oyente el milagro de la fe en el Cristo viviente (Romanos 10:15-17). ¡Oh, qué bueno sería ver a Cristo en la predicación de hoy! De cierto, al escucharla o estudiarla en el silencio de nuestro corazón, de seguro hará lo que siempre ha hecho muy bien: una nueva creación. Dios habló y fue hecho. Él mandó y existió. Recordemos que fueron las palabras de Jesús las que levantaron al paralítico, sanaron al leproso, libertaron al endemoniado, resucitaron al muerto, valoraron al ladrón en la cruz, perdonaron a la mujer adúltera, hicieron humilde al orgulloso, dadivoso al egoísta, creyente al incrédulo y salvo al perdido. Verdaderamente ellas son las palabras que tú y yo necesitamos escuchar y recibir vez tras vez. ¡Y qué bendición, su voz todavía se escucha hoy! Recuerda siempre esta realidad: existen tres rivales a la voz de Dios: el diablo, el mundo y nuestro ego.

Ahora es el tiempo para decidir de una vez para el resto de nuestra vida: escuchar la voz poderosa y eterna de nuestro Señor Jesucristo. Si lo deseas, te invito a acompañarme en la siguiente oración:

ANSIAS DE SU PRESENCIA

"Gracias Señor por tu Palabra. Enséñame a escucharla. Enséñame a encontrar en ella a Jesús y a nadie más. Hay miles de sonidos que molestan mi oído. Dame el sentimiento del niño Samuel, cuando te dijo, "Habla, porque tu siervo escucha". Ayuda a mi oído a acostumbrarse a tu voz, para que cuando desaparezcan todos los ruidos terrenales, el único sonido que mi oído pueda escuchar sea tu palabra dulce, melodiosa, poderosa y eterna. Amén".

Capítulo 9

QUIERO HABLARLE

"He aquí, yo estoy a la puerta y llamo: si alguno oyere mi voz y abre la puerta, entraré a él, y cenaré con él, y él conmigo"
(Apocalipsis 3:20)

Con el título "Quiero Hablarle" me estoy refiriendo a esa dulce experiencia de la relación comunicativa con Dios, la oración. Para mí, no podemos hablar de Cristo sin incluir la oración. Ya que la vivencia de la oración y Cristo están íntimamente relacionadas; hablaremos de esto en detalle más adelante.

En este momento deseo confesar algo: El tema de la oración me ha detenido por mucho tiempo en mi deseo de expresar en palabras lo que mi alma anhela explicar. Aunque he leído muchos libros sobre este tema de las disciplinas de la fe, no encontraba como enfocarlo. La razón era que no quería cometer el mismo error de otros que, al hablar de la oración, crean culpabilidad en vez de descanso y belleza espiritual. Ahora, después de mucha reflexión, creo que puedo hacer algunas observaciones pertinentes, que estoy seguro nos ayudarán a aclarar y apreciar mejor el maravilloso mundo de la oración.

La oración cristiana es, en cierta forma, única en su motivación. Reconocemos que todas las religiones, aparte del cristianismo, utilizan la oración como parte integral de sus ejercicios religiosos. Tanto ellos como nosotros los cristianos, en realidad queremos hacer lo mismo: comunicarnos con lo invisible. Sin embargo, creo que hay algunas diferencias que hacen que nuestra oración sea en esencia completamente distinta. Antes de describir esas diferencias, quiero dejar claro que este tema abarca muchos aspectos importantes. Por consiguiente, mi intención es más bien presentar solamente dos puntos esenciales, que hacen a la oración cristiana radicalmente diferente en sus motivaciones.

1. Orar surge como una necesidad del alma.

El sentimiento de **"necesidad"** es vital en todas nuestras funciones, sean estas físicas, psicológicas, materiales, sociales, emocionales y por supuesto, espirituales. El ingrediente de la *necesidad* es el trampolín de la verdadera oración. La necesidad de la cual estoy hablando es *"necesidad de Dios"*, aislada de cualquier otra provocación o motivación. Es una ansiedad de comunicarnos con lo invisible porque sentimos necesidad de Él. No oramos como práctica formal de nuestra religión, o como una enseñanza de nuestros padres, o porque vamos a hacer un viaje peligroso, o porque tenemos una enfermedad mortal o por una escasez material. No, por nada de esto, sino porque Dios es la causa y el fin de nuestra oración. El salmista lo expresa de la siguiente manera:

> *"Como el ciervo brama por las corrientes de las aguas, así clama por ti, oh Dios, el alma mía. Mi alma tiene sed de Dios, del Dios vivo..."* (Salmos 42:1-2).

La persona que escribió esto descubrió el secreto de la verdadera oración: Dios, y solamente Dios, era su necesidad y su motivación. Cualquier otra cosa que provoque nuestra oración se sale del verdadero motivo por el cual deberíamos orar. En este aspecto, si somos sinceros con nosotros mismos, encontraremos una inmensa necesidad de ayuda divina, para que en nosotros se origine una transformación interna. Detente por un momento y piensa ¿cuál fue la última cosa por la cual oraste? ¿Estabas pidiendo por tus deseos o por Dios? ¿Cuál era la motivación: tus necesidades personales, o tu necesidad de conocer mejor a Dios? El salmista nos sugiere:

> *"Deléitate asimismo en Jehová, y él te concederá las peticiones de tu corazón"* (Salmos 37:4).

La recomendación *"deléitate"* se sugiere para que hagamos primero de la oración una dulce relación de comunión con Dios. Mientras más nos acercamos a Él, más dejaremos de pedir "cosas". Entonces, quizás te preguntarás, ¿para qué orar? Si entendemos bien el mensaje bíblico, el propósito por el cual Dios creó la oración fue exclusivamente para llevarnos a conocerlo. El fin de la oración es conducirnos paso a paso a una relación íntima con Él. Para nuestra desventaja, el pecado ha distorsionado el verdadero objetivo de la comunicación con Dios, llevándonos a usar la oración para pedir, en lugar de llevarnos a conocer a Dios a través de su Hijo Jesucristo.

El objetivo de la oración genuina no es conseguir respuestas de Dios o probar que Él contesta nuestra oración, sino más bien enseñarnos acerca de Él, mientras conversamos con Él. Es cierto que cada oración es contestada, pero el gozo de Dios no es simplemente contestar oraciones, sino más bien revelar a través de ella su persona a nuestra vida. En realidad, hoy estamos muy mal informados en cuanto al carácter de Dios. No lo conocemos como realmente es. Por lo tanto, por medio de la oración, tenemos el privilegio de comenzar a conocer mejor los secretos de su naturaleza, su gracia, su bondad, su misericordia y su plan de redención.

Es importante notar que Jesús no dio muchas instrucciones específicas en cuanto a la forma en que debemos orar, porque Él sabía que la oración verdadera nace del interior del alma. Él es el único que conoce ese mundo interior, y lo comprende mejor que nosotros mismos. Él aconseja:

ANSIAS DE SU PRESENCIA

> *"Mas tú, cuando ores, entra en tu aposento, y cerrada la puerta, ora a tu Padre que está en secreto..."* (Mateo 6:6).

Esta recomendación de Jesús es muy apropiada; es una invitación a entrar en la privacidad de nuestra alma. Es allí donde Él se revelará a nuestra vida. Allí experimentaremos la dulzura de su presencia, trayendo consigo reposo y tranquilidad a nuestro espíritu inquieto. Entenderemos mejor el misterio de sus obras y los padecimientos que soportó para asegurar nuestra salvación.

Es normal que las oraciones se hagan visibles cuando oramos de rodillas o de pie, o cuando inclinamos nuestra cabeza con los ojos cerrados, pero Jesús quiere enfocar la oración desde el punto de vista de intimidad con Dios más que de formalismo o ritualismo. Nuestro aposento es nuestro "Yo". Jesús sabe que la vida cotidiana nos mantiene muy ocupados en muchas cosas y no en Él. Por lo tanto, Él no desea que oremos obligados, como un "deber religioso", sino en libertad, por una necesidad de nuestro yo, que necesita una nueva visión y compenetración con la persona de Dios.

Es posible que a veces notemos que nuestras oraciones se tornen silenciosas, es decir, no decimos, ni pensamos nada en la presencia de Dios. Este sentimiento es obra del Espíritu Santo que quiere profundizar más en nuestra vida oscura. A veces nosotros mismos no entendemos lo que nos provoca guardar silencio, pero Dios sí lo entiende.

Un ejemplo de lo que estoy tratando de explicar es el caso de Jesús y sus discípulos. Él les dijo en el huerto de Getsemaní, "¿así que no habéis podido velar [orar] conmigo una hora?" (Mateo 26:40). Esta pregunta fue para indicarles que no sentían "necesidad"; ellos no estaban pasando las angustias que Jesús estaba experimentando por causa de la carga del pecado humano. Ellos no podían orar porque no se habían percatado de que la verdadera misión mesiánica de Jesús estaba llegando a su clímax. Si alguna vez Jesús oró intensamente fue en esos momentos. La necesidad era grande; involucraba entrega y sumisión total a la voluntad de Dios. Orar era su gran necesidad. Allí la voluntad del Padre y la de Cristo llegaron a ser una. Donde existe relación y comunión intensa hay compresión de propósitos mutuos.

Para Jesús, orar era una experiencia para conocer los caminos de su Padre. Toda la vida de oración de Cristo estaba centralizada en su necesidad de comunicarse con su Padre celestial. Para Jesús, orar era mucho más que pedir esto o aquello, era relacionarse con su Padre. Hoy, más que nunca, estamos en la misma urgente necesidad de conocer a Dios y sus propósitos. Sería bueno decirle a Cristo constantemente: "Señor, enséñanos a orar". Si entendemos lo que estamos pidiendo, sería en realidad: "Señor, enséñame a tener una relación constante contigo".

Tengo la impresión de que cuando entremos en esa experiencia de relación real y viva con Jesucristo, no estaremos utilizando la oración como un mecanismo de pedir para esto o lo otro, porque ya su vida en nosotros traerá una satisfacción total y permanente. Nos daremos cuenta de que Él sabe de antemano lo que necesitamos y nos conviene. La oración se convertirá en un encuentro de amistad, llena de expectativas de conocer aún más la belleza de su persona encantadora.

Ahora pasemos a la segunda observación, que considero vital que entendamos y asimilemos en nuestra vida cristiana.

2. Oramos por causa de Cristo.

¿Quién nos impulsa a orar? ¿Nosotros mismos? Muchas veces parece ser que somos nosotros; pero en realidad no es así. Jesús es quien inquieta la vía de comunicación. Él nos dice:

> *"He aquí Yo estoy a la puerta y llamo; si alguno oye mi voz y abre la puerta, entraré a él, y cenaré con él, y él conmigo"* (Apocalipsis 3:20).

Como notamos en este versículo, Jesús inicia el interés de la comunicación *"Yo estoy a la puerta y llamo"*. Él nos llama, Él nos mueve, Él nos inquieta. Mientras que en otras religiones la oración es producto de muchos factores humanos, en el cristianismo el factor principal es Jesucristo. Él es quien se acerca y nos habla en el silencio de nuestra conciencia, "la puerta". Si se nos dejara a nosotros mismos, quizás no oraríamos, a menos que fuera por una emergencia crítica circunstancial. Pero Jesús nos llama cada a momento, en las buenas o en las malas, sea que estemos arriba o abajo, contentos o tristes, etc.

Orar, por lo tanto, es darle permiso a Jesús para que entre en nuestra vida, y para permitirle que comience en nosotros una relación viviente y transformadora. Además, orar es darle permiso para que ejerza su poder para aliviar nuestras angustias, causadas en la mayoría de los casos por nuestra separación de Él. Cuando descubrimos que orar es darle "permiso" a Cristo para que entre por la puerta de nuestro corazón, se transforma todo lo que implica y significa la práctica de la oración. Aprendemos que orar tiene que ver con Jesús, no con nosotros. Es darle autorización a Cristo a entrar a nuestro corazón. Significa que es Jesús quien nos mueve a orar. Él es quien produce el deseo de orar, porque es Él quien primero desea entrar en una relación con nosotros.

Todo verdadero deseo de orar es producto del llamado de Cristo. Orar, por lo tanto, no depende de nosotros; no depende del poder de quien ora, ni de su voluntad intensa, ni su emoción ferviente, ni su posición física, ni su comprensión sobre lo que está orando. La verdadera oración no depende de ninguno de estos factores puramente humanos.

Orar no requiere maniobras nuestras, sino que más bien es nuestra impotencia y nuestra ignorancia, aun de la misma oración, lo que nos provoca pedirle a Cristo: *"Señor enséñanos a orar"*. Lo importante aquí no es solamente pedir que se nos enseñe a orar, sino a "quién" le pedimos que nos enseñe a orar. En el caso de los discípulos, ellos le pidieron a la persona más apropiada, a Jesucristo (Lucas 11:1). En verdad, Él ha sido y será el único verdadero *Maestro* de la enseñanza de la oración genuina y eficaz.

Apreciado lector, como conclusión a este tema "Quiero Hablarle", deseo decirte que los mencionados ingredientes de la oración están fuera del sentido común humano. El "sentido común" que se utiliza para practicar la oración es el causante de las falsas motivaciones que se utilizan al orar. Orar como Dios quiere que oremos y con el propósito debido, es una revelación del Espíritu Santo. Por lo tanto, quiero animarte para que consideres seriamente los puntos mencionados: *Oramos por necesidad de Dios, y Cristo es el Autor de la necesidad de la oración.* Esto nos indica que debemos hacer un esfuerzo de voluntad para concentrarnos en el estudio y la meditación de la vida y las obras de Cristo. Y si Él es la gran respuesta a nuestra necesidad, entonces iniciaremos una vida de oración que tiene principio y fin: *La comunión y relación con Cristo.* De esa forma experimentaremos la dulzura que el mismo Jesús sintió cuando oraba a su Padre. Entonces concluiremos diciendo así: **"Cristo, tú eres mi vida de oración."** ¿Qué te parece si en el momento de terminar de leer esta lectura elevas esta oración al Cielo?:

"Señor, he oído tu voz, ahora mismo te abro mi mente y todo mi ser, para que escuches el ruego desde lo más profundo de mi alma y me enseñes a orar, amén".

Nota:

1. Quiero agradecerle a Dios por los autores que más han condicionado mi vida de oración; algunos de mis conceptos son reflejos de ellos: Elena G. de White, *El camino a Cristo*; Oswarld Chambers, *My Utmost for His Highest* [En Pos de lo Supremo]; O. Hallesby, *Prayer* [Oración].

Capítulo 10

QUIERO RECIBIRLO

"Pero cuando venga el Consolador, a quien yo os enviaré del Padre, el Espíritu de verdad, el cual procede del Padre, él dará testimonio acerca de mi"
(Juan 15:26)

Actualmente se publica mucho acerca del Espíritu Santo. Parece ser que al terminar el siglo XX, los escritores cristianos se han interesado más en este tema, que sin duda alguna es muy necesario y debe ser entendido debidamente. Sin quitarle crédito a los que se han esforzado por analizar bíblicamente esta importante temática, quiero también hacer un aporte al pensamiento cristiano. Considero necesarias estas observaciones debido a los enfoques distorsionados sobre la función principal del Espíritu Santo.

Deseo establecer que lo que somos en nuestra vida cristiana se debe directamente a la obra del Espíritu Santo. Él es quien hace posible que creamos en Cristo y que desarrollemos la imagen de Cristo en nuestro carácter. En otras palabras, nuestra fe y obediencia a Dios y todas nuestras obras de servicio cristiano están motivadas exclusivamente por el Espíritu Santo. Todo lo bueno que hacemos es sin duda alguna un regalo de Él. No hay nada en nuestro andar con Dios que no tenga como raíz directa la obra del Espíritu. Nosotros no tenemos la capacidad de crear nada, excepto entregarle nuestra voluntad, para que Él haga su voluntad en nosotros. Podríamos decir que Él es como el agricultor: Prepara el terreno, siembra la semilla, cuida la siembra y finalmente realiza la cosecha para que otros se beneficien.

Con esto quiero decir que el ser humano es el recipiente donde el Espíritu Santo se manifiesta y obra, con el fin de traer gloria a Dios. Ahora pasemos al punto que nos concierne: *La función principal del Espíritu Santo.*

El Espíritu Santo trabaja con la difícil problemática humana de la separación que existe entre Dios y el hombre, causada por el pecado y mantenida por la naturaleza pecaminosa inherente en el ser humano:

> *"...vuestras iniquidades han hecho división entre vosotros y vuestro Dios, y vuestros pecados han hecho ocultar de vosotros su rostro para no oír"* (Isaías 59:2).

Peor aún, el hombre no tiene ningún interés en conocerlo:

> *"No hay quien entienda. No hay quien busque a Dios"* (Romanos 3:11).

Además, el hombre ha cambiado la gloria de Dios por la gloria de la naturaleza, incluyendo la enfermiza gloria humana:

> *"...y cambiaron la gloria del Dios incorruptible en semejanza de imagen de hombre corruptible, de aves, de cuadrúpedos y de reptiles"* (Romanos 1:23).

Estas pocas declaraciones manifiestan nuestra pobre y triste realidad. No solamente no deseamos a Dios, sino que también hemos cambiado la imagen de Dios por otra, de cosas creadas. Hemos ido tan al extremo que Dios es un ser extraño, desconocido por nosotros; su imagen, si la vemos, la vemos distorsionada, quizás como un Dios vengativo, tirano y cruel; como si fuera un policía escondido, vigilándonos para ponernos una multa cuando cometemos un error. Desafortunadamente tenemos que admitir que ni las religiones han contribuido positivamente a aclarar y presentar correctamente la imagen de Dios ante el mundo.

Debido a ese fracaso humano, Dios tuvo un solo recurso: Enviar a su Hijo Jesús para vivir entre los hombres y de esa manera iniciar de forma concreta y convincente su tarea de impresionar nuestra mente con la belleza de su Persona. En esto consistía el trabajo incansable de Jesús mientras andaba por Palestina enseñando, predicando y sanando. De esta manera Jesús inició con su vida una nueva era de cambios positivos en la mente humana, en cuanto a Dios se refiere. Su vida y su carácter eran la manifestación del verdadero Dios. Él dijo: *"El que me ha visto a mí, ha visto al Padre"* (Juan 14:9). Con esta declaración Jesús deja bien aclarado que conocer al Dios invisible es posible únicamente a través de Él. Sin Jesús, Dios sigue siendo un Dios extraño. Por esta razón Jesús es un ser imprescindible para tener un concepto claro, y por supuesto, bueno, de Dios.

Ahora bien, ¿cuál es la función del Espíritu Santo, siendo que Jesús no está literalmente visible hoy? Existe la tendencia humana de presentar al Espíritu Santo como a un ser que solamente le interesa sanar el cuerpo, dar el don de lenguas a los creyentes, y aun producir en nosotros un "sentimiento de bienestar", como si el Espíritu Santo fuera un ser que cede a nuestros "deseos". Existe otro enfoque que enseña que el Espíritu Santo será recibido en el tiempo del fin a través de manifestaciones impresionantes. Pero todo esto está realmente fuera del enfoque bíblico del legítimo propósito del Cielo al enviar el Espíritu Santo a la tierra. Meditemos en esto. Si Jesús es quien nos revela al Padre Dios, entonces ¿no será también la función primordial del Espíritu Santo revelarnos al Hijo en toda su belleza? Jesús así lo enseñó:

> *"Él me glorificará; porque tomará de lo mío, y os lo hará saber"* (Juan 16:14).

Quiero recibirlo

Lo que más le agrada al Espíritu Santo es revelarnos a Jesús, es decir, manifestarnos su carácter, su personalidad, sus obras, para que así lleguemos a apreciarlo más y más. Él se presenta a nuestro corazón para señalarnos la cruz, y así recordarnos vez tras vez el amor exclusivo de Jesús por nosotros. Por lo tanto, Él no existe para manifestarse exclusivamente en nuestras experiencias exteriores, sino más bien para revelarnos el cuadro de Jesucristo en nuestro interior. ¿Podrá existir algo mejor que esto? Esto es precisamente lo que Jesús dijo que haría el Espíritu Santo: **"Él dará testimonio acerca de mi"** (Juan 15:26).

Hemos notado que Jesús señala que el propósito principal del Espíritu Santo es hablar y testificar acerca de Él. El Espíritu es el artista que dibuja y pinta con colores y hermosos contrastes el cuadro de su divina persona. Por consiguiente, el verdadero recipiente del Espíritu Santo es aquel que vive recibiendo nuevas impresiones del carácter de Jesús. Su mente se mantendrá tan concentrada en la imagen de Jesús, que no le interesará recibir manifestaciones físicas como evidencias del Espíritu. La mejor prueba de que tiene el Espíritu Santo es que sus pensamientos estarán imbuidos de Cristo. En otras palabras, Jesús será el tema de su conversación y de su más gozosa emoción. Su experiencia religiosa se convertirá en una experiencia con el Cristo viviente. Las escenas del ministerio de Cristo, su crucifixión, su resurrección, su intercesión en el santuario celestial y su segunda venida, serán los temas de su más ferviente estudio y meditación. Tampoco su cristianismo estará basado en lo que hace, sino en lo que Cristo ha hecho y está haciendo por él.

Para ayudarnos a entender nuestra gran necesidad de Él, Jesús declaró que la obra del Espíritu Santo sería de la siguiente manera:

> *"Y cuando él venga, convencerá al mundo de pecado, de justicia y de juicio. De pecado, por cuanto no creen en mí; y de justicia, por cuanto voy*

al Padre, y no me veréis más; de juicio, por cuanto el príncipe de este mundo ha sido ya juzgado" (Juan 16:8-11).

Como notamos en esta declaración de Jesús, la obra específica del Espíritu Santo estará distribuida en tres, y las tres están relacionadas directamente con Él. Al Espíritu Santo le toca "convencer", o mejor dicho *"traer convicción"* a cada ser humano sobre las siguientes necesidades básicas:

"De pecado, por cuanto no creen en mí"

Según Jesús, el primer trabajo del Espíritu Santo es llevar a la persona a entender que no creer en Jesús como Salvador y Señor es vivir una vida de pecado. "Creer" en la Palabra de Dios encierra "confiar", y "no creer" significa "desconfiar". La desconfianza está dirigida contra Jesús; Él es la persona de la cual se desconfía. Esto es lo que hace pecador al ser humano. Por consiguiente "pecado", en este caso, no tiene nada que ver con las malas acciones que hacemos, sino más bien con una actitud de incredulidad contra Jesús. Desconfiamos de Él porque lo desconocemos. Por ejemplo, nosotros no brindamos confianza a un extraño a primera vista; nos lleva tiempo desarrollar la confianza, ¡cuánto más cuando se trata de Jesús, a quien no vemos físicamente y del cual nuestra naturaleza caída huye!

Por esta razón, al Espíritu Santo le corresponde usar el medio disponible, la Palabra de Dios, para presentarnos atractivamente la persona de Jesús. Es en la Biblia donde se nos pinta más marcadamente el rostro de Jesús y su actitud de amor hacia nosotros. Por supuesto, el Espíritu Santo también utiliza la literatura cristiana y el testimonio personal del creyente transformado. De esta manera, y de formas a veces misteriosas, nos impresiona la mente con la imagen de Cristo. Entonces, cuando no queremos aceptar y confiar en lo que Él nos está manifestando en cuanto a Jesús y a su obra a favor nuestro, es cuando se nos señala que, dicha actitud, es pecado.

La palabra "pecado", del original griego "jamartia", significa literalmente "no dar en el blanco"; así se describe la realidad de que el ser humano no desea, ni puede dirigir su vida hacia Jesús. Todos sus intentos se tuercen y jamás podrá por sí mismo dar en el blanco, es decir, en JESÚS. Esto nos pone en una situación crítica y peligrosa. Aun los creyentes podríamos llegar a pensar que nuestras realizaciones y virtudes son creación nuestra, cuando en el fondo no lo son. También podríamos dar la impresión de que seguimos una causa, un ritual, un mensaje, una religión, cuando en realidad todo esto no sirve para nada. La devoción a una secta, a una denominación, a una obra o misión, también pudiera reemplazar la devoción a Jesucristo. Como todo esto puede ser posible, al Espíritu Santo le toca la tarea más complicada, la de llevarnos al punto de partida: *al conocimiento de Jesucristo,* el cual es el blanco y propósito de la vida espiritual. Así lo expresó Pablo:

> *"...a fin de conocerle, y el poder de su resurrección, y la participación de sus padecimientos, llegando a ser semejante a él en su muerte"* (Filipenses 3:10).

Esta es la meta a la cual el Espíritu Santo le toca guiar nuestros pasos, así como el padre le enseña al niño a dar sus primeros pasos tomando de la mano a la criatura. Y allí, ante Jesús, vemos la horrible condición de nuestro desviado y enfermo corazón en contraste con el carácter puro y perfecto de Jesucristo.

Conozco a una persona que se crió dentro de la iglesia Adventista del Séptimo Día. Desde niño fue instruido en sus doctrinas. De adolescente se dedicaba a promover la existencia y el desarrollo de dicha iglesia. Estudió en sus instituciones educativas para ser pastor. Su ministerio tenía éxito según las expectativas humanas. Se sentía y aún se siente agradecido a la iglesia por las bendiciones recibidas en ella. Pero en todo ese andar religioso, desconocía experimentalmente a Jesús.

Sin embargo, poco a poco, durante un período de trece años, ahora puede decir, gracias a la ayuda del Espíritu Santo, que conoce en lo más profundo de su alma el valor y la importancia que encierra Jesucristo. Puede dar testimonio legítimo de esta verdad, pues la persona a quien me refiero es el autor de este tema. No me siento avergonzado, pero a veces lamento por no haber asimilado antes esta realidad de fe. De todas maneras, ahora alabo y glorifico a Dios porque Él se ha dignado revelarme el TODO de la iglesia y su MISION, Cristo Jesús.

Apreciado lector, si no fuera por la ayuda constante del Espíritu, ninguno de nosotros se encaminaría hacia Cristo. Él nos presenta a un Cristo maravilloso, compasivo, misericordioso, lleno de amor y de perdón. Como sabemos, fue precisamente la desconfianza la que trajo desgracia a la humanidad. Fuimos nosotros los que escogimos vivir separados de Dios, y por esta razón se nos declara pecadores; pero al volver *confiadamente* a Jesús, ahora se nos llama "santos" (Romanos 1:7) y "justos" (1ª Pedro 3:12). ¡Qué hermosa experiencia!

"De justicia, por cuanto voy al Padre y no me veréis más"

El ser humano siempre ha pensado que para llegar a Dios tiene que ser bueno, puro y recto; pero esta es una imposibilidad. Él no puede crear su propio método de camino para llegar a Dios. Es verdad que necesita justicia o santidad para presentarse ante Dios, pero por sí mismo nunca le será posible. Dios no aceptará otro método que no sea el que Él ha creado. El único ser enviado de Dios que ahora está a su diestra, se llama Jesucristo,

> *"...quien habiendo subido al cielo está a la diestra de Dios, y a él están sujetos ángeles, autoridades y potestades"* (1ª Pedro 3:22).

Jesús hablando de sí mismo, dijo:

> "Nadie subió al cielo, sino el que descendió del cielo; el Hijo del Hombre, que está en el cielo" (Juan 3:13).

Jesús es y será el único medio de salvación que Dios ha provisto para cada persona:

> *"Y en ningún otro hay salvación; porque no hay otro nombre bajo el cielo, dado a los hombres, en que podamos ser salvos"* (Hechos 4:12).

Con la expresión "de justicia" Jesús está diciendo que la "justicia" es Él. Y Él es la justicia que se fue para estar ante el Padre Dios, y es la única que necesitamos para llegar ante su presencia. Jesús, por lo tanto, personifica la justicia, porque no existe justicia fuera de Él, quien es la misma justicia:

> "La justicia de Dios está *personificada* en Cristo. *Al recibirlo, recibimos la justicia"*.[1]

Siendo que justicia es santidad, entonces Jesús es la única santidad que nos da acceso a Dios. Al Espíritu Santo le toca señalarnos que nuestra justicia humana, sea cual fuera, no sirve para nada, porque todo lo que somos y hacemos está contaminado de orgullo y de egoísmo:

> *"Si bien todos nosotros somos como suciedad, y todas nuestras justicias como trapo de inmundicia; y caímos todos nosotros como la hoja, y nuestras maldades nos llevaron como viento"* (Isaías 64:6).

No debemos poner confianza en nuestras buenas obras y nuestra obediencia a la ley de Dios, ya que todo lo que pasa por el filtro del corazón humano se contamina. La solución a nuestra tendencia natural de sustituir la justicia de Cristo por la nuestra es la siguiente:

> **"Debemos contemplar a Cristo. La ignorancia de su vida y su carácter induce a los hombres a exaltarse en su justicia propia.** Cuando contemplemos su pureza y excelencia, veremos nuestra propia debilidad, nuestra pobreza y nuestros defectos tales cuales son. Nos veremos perdidos y sin esperanza, vestidos con la ropa de la justicia propia, como cualquier otro pecador. Veremos que, si alguna vez nos salvamos, no será por nuestra propia bondad, sino por la gracia infinita de Dios".[2]

Necesitamos a Jesús y solamente a Jesús, la Justicia de Dios. Él fue quien hizo perfecta toda obra, obedeció toda la ley y vivió una vida sin pecar, ni siquiera en el pensamiento. Él satisfizo todas las demandas de santidad de Dios. Al nosotros confiar en Cristo, lo que recibimos del Cielo no es justicia como virtud o atributo, sino más bien a una Persona, *a Jesucristo,* quien toma el lugar de nosotros ante Dios, y nos presenta justos como si nunca hubiéramos pecado. Así lo representan las Sagradas Escrituras:

> *"En gran manera me gozaré en Jehová, mi alma se alegrará en mi Dios; porque me vistió con vestiduras de salvación, me rodeó de manto de justicia, como a novio me atavió, y como a novia adornada con sus joyas"* (Isaías 61:10).

Es hermoso saber que la justicia de Cristo es la que adorna nuestra vida, y que no tenemos que hacer ningún penoso esfuerzo, o rudo trabajo para obtenerla; simplemente nos es concedida gratuitamente cuando sentimos hambre y sed de recibirla. El Espíritu Santo siempre nos querrá recordar que Cristo es la justicia que siempre necesitaremos para satisfacer las demandas del Cielo.

"De juicio, por cuanto el príncipe de este mundo ha sido ya juzgado".

Dios ya ha sentenciado a Satanás, el enemigo de Jesús. Él es el príncipe de este mundo de miseria, dolor, desgracia y muerte (Juan 12:31). La guerra de Satanás siempre ha sido contra Jesús. Él odia y envidia su posición. Esta actitud se originó en el Cielo y continúa aquí en la tierra. Desde que Jesús nació, trató de destruir su misión salvadora; lo tentó en todos los aspectos, pero no tuvo éxito en hacer pecar al Hijo de Dios. Su supremo esfuerzo fue llevarlo a la cruz, y allí lo martirizó con burlas, opresión y escarnio, causándole la muerte. Pero esta muerte fue la victoria para Jesús. Gracias a ella el universo vio la malicia empedernida de Satanás. En la cruz se vio al desnudo el orgullo y la envidia del carácter satánico. Al quitarle la vida al Hijo de Dios, Satanás atrajo hacia sí su propio juicio y sentencia. Con la muerte de Cristo, el amor incondicional triunfó contra el orgullo. Con la muerte de Jesús en la cruz, nosotros tenemos más que suficiente evidencia de su amor hacia nosotros. Satanás ya no puede engañarnos más con sus insinuaciones de que Cristo es un Dios cruel, injusto y egoísta. La cruz revela todo lo contrario; es el símbolo de la entrega, la humillación y el sacrificio por causa nuestra. Allí Jesús no pensó en Él mismo, sino en nosotros. Su vida fue entregada para darnos vida y vida abundante (Juan 10:10,11). Todas estas y muchas más son las realidades con las cuales el Espíritu Santo desea impresionar constantemente nuestra mente. Esta es la única forma como nuestro corazón duro e incrédulo puede cambiar de actitud hacia Jesús. Mirando a Jesús en la cruz, no tenemos argumentos, no podemos presentar nuestra pobre justicia, no tenemos nada que decir, solamente: *"Gracias Jesús, la verdad es que no sabía que tú me amaras tanto, perdóname".*

Todo lo que recibimos del Cielo vino a través de Jesús: el perdón, la reconciliación, la justicia, la obediencia, la santidad y la vida eterna. No tenemos nada de qué vanagloriarnos, porque nada hemos hecho y nada podremos hacer para ganarnos el Cielo. Todo, absolutamente todo, es por obra de Jesús. Él es nuestra justificación, nuestra santificación y nuestra glorificación (1ª Corintios 1:30). Si dejamos que el Espíritu Santo nos enseñe esto, y lo asimilamos en lo más profundo de nuestra alma, entonces sí podemos estar seguros que hemos recibido la unción del Espíritu Santo.

Al concluir esta breve exposición, quiero dejar claro que el derramamiento del Espíritu Santo se experimenta cuando nuestra mente está *saturada de Cristo*. Lo que hemos venido diciendo se podría resumir de la siguiente manera: *El Espíritu Santo no conoce otro idioma que el de testificar exclusivamente acerca de Jesús.* Esta verdad es evidente cuando en la manifestación del Espíritu el día de Pentecostés (Hechos 2:1-47), el tema del apóstol Pedro fue para presentar que Jesús, el que había muerto y resucitado, era el verdadero Cristo, el Mesías, el Salvador y Señor. De igual manera, el apóstol Pablo, lleno del Espíritu, no conocía otra temática; él le dijo a la iglesia de Corinto:

> *"Pues me propuse no saber entre vosotros cosa alguna sino a Jesucristo, y a éste crucificado"* (1ª Corintios 2:2).

Por lo tanto, la mayor evidencia de que el Espíritu se ha manifestado en nosotros es que tanto nuestro lenguaje como nuestra acción testifique acerca de Cristo. Si lo buscamos solamente en las manifestaciones exteriores, sin sentir a Cristo en lo profundo de nuestra alma, de seguro esas manifestaciones no son legítimas y muy posiblemente se originan en el mundo de las tinieblas.

Quiero recibirlo

Por excelente que sean las experiencias humanas, solamente cuando el "yo" es dejado afuera y Jesús es reconocido y levantado, es cuando en verdad se está manifestando el rocío del Espíritu Santo.

Tengo la convicción de que la iglesia cristiana que proclama a Cristo constantemente detrás del púlpito, en sus enseñanzas, en toda su literatura y su testimonio fraternal, tiene la mayor evidencia de que el Espíritu Santo está en su medio. Por el contrario, si la iglesia proclama un cristianismo moralista, una salvación por méritos humanos, y revela una hermandad fragmentada con prejuicios y discriminación de toda clase, dicha iglesia está viviendo en cierta medida en la carne y no bajo la influencia del Espíritu Santo. No importa cuán impresionantes sean sus estadísticas, sus obras y su prestigio; todo esto se puede lograr usando talentos humanos.

Para convencer al incrédulo con el Evangelio necesitamos mucho más que fenómenos exteriores: necesitamos la transformación interior del alma, la transformación de nuestros valores, actitudes y motivaciones. Para esto, el ser humano nunca ha estado capacitado, ni podrá en su sabiduría realizar los cambios necesarios. Para lograrlo necesita algo fuera de sí mismo. Necesita a *Jesús y solamente a Jesús.* Este es fin por el cual el Espíritu Santo existe: dar a conocer a nuestro glorioso Salvador Jesucristo; esta es su especialidad. Jesús así lo enseñó: *"El dará testimonio acerca de mí".* Sabiendo esto, digamos: ¡Bienvenido, Espíritu Santo!

Referencias:

1. Elena G. de White, *El Discurso Maestro de Jesucristo,* (Mountain View, California: Pacific Press Pub. Ass., 1964), pág. 20.
2. Elena G. de White, *Palabras de Vida del Gran Maestro,* (Mountain View, California: Pacific Press Pub. Ass., 1971), pág. 123.

Capítulo 11

QUIERO ADORARLO

"Y él dijo: Creo, Señor; y le adoró"
(Juan 9:38)

El relato dice que *"le adoró"* (Juan 9:38). Pero ¿cómo no adorarlo? ¿No fue acaso Él quien le hizo el milagro de devolverle la vista? No sabemos más de la historia del joven. El apóstol Juan nos deja en la escena cuando el joven se postra ante Jesús en adoración, expresando así su fe y su gratitud hacia Él.

Antes del milagro, su vida estaba sumida en tinieblas. Había nacido ciego, y para sobrevivir tenía que pedir limosna. Pero al llegar Jesús a su encuentro, todo cambió. Ahora veía el cielo, las flores, los diferentes matices de la creación, su familia y la gente que le rodeaba, y especialmente a *Jesús*, a quien conoció en su mundo de oscuridad antes que se realizara el milagro de su transformación física. Y esto lo deducimos porque al ir Jesús a su encuentro, le dice: *"Pues le has visto y el que habla contigo, Él es"* (Juan 9:37).

Jesús y el joven ya se conocían. Solamente que éste no sabía su nombre. Ahora tiene el privilegio de conocerlo por su nombre y, además, ver su rostro divino. ¡Qué honor para un ser humano, adorar al Enviado de Dios a la tierra, al verdadero Dios Hombre! Ya podemos imaginarnos a quién adoró el resto de su vida.

Adorar es una inclinación intrínseca del ser humano. Desde la antigüedad esta tendencia se ha expresado en majestuosos templos y en sus objetos de adoración que a veces eran elementos de la naturaleza, como el sol, la luna o un animal, o simplemente un ser humano a quien se le reconocía como a un dios. Pero, para nosotros los cristianos, la adoración no incluye ninguno de esos elementos. Adoramos íntimamente a Alguien excelso y sublime, a Jesucristo, el Eterno. El que posee existencia propia. El ser no creado. El que es la fuente de todo y el que lo sustenta todo. El único que tiene derecho a la veneración y adoración suprema.

Para nosotros la adoración es mucho más sencilla. Es cierto que en el contexto humano la adoración toma forma y orden; sin embargo, en esencia, no tiene nada que ver con el lugar, sea el templo, o en el culto o con cosas (Juan 4:21); tiene que ver exclusivamente con Dios el Padre y la revelación de su Hijo Jesucristo, quien también es Dios; y es a Él, y sólo a Él, a quien debemos de adorar.

Adorar no es lo que pasa en un templo o en una iglesia. Es más, mucho más que esto. Implica una *apreciación de la divina persona de Jesucristo, una actitud de entrega y humillación a su voluntad y una motivación de vivir sirviéndole desinteresadamente.* Así lo expresó Jesús: *"Mas la hora viene, y ahora es, cuando los verdaderos adoradores adorarán al Padre en espíritu* [con sentimiento y vida] *y en verdad* [con sinceridad]*; porque también el Padre tales adoradores busca que le adoren"* (Juan 4:23).

Hoy en día hay personas que van a adorar a templos majestuosos; otros que viajan hacia lugares donde se ha manifestado algún tipo de fenómeno sobrenatural; otros que se mueven hacia grandes concentraciones para escuchar a un reconocido predicador, esperando obtener u ofrecer en dichos lugares su culto de adoración; otros que, mediante la música y los cantos, esperan quizás recibir algún tipo de inspiración que los motive a adorar.

En el tiempo de Jesús existía el mismo afán, el correr de las gentes hacia el templo de Jerusalén y hacia las sinagogas o iglesias. Sin embargo el centro de adoración se les había perdido a tal punto que, cuando llegó Aquél a quien debían adorar, sus ojos no lo percibieron. Por supuesto, en esos servicios religiosos había coros, músicos, solistas, ceremonias y predicación; pero a Jesucristo no lo reconocieron. Habían perdido de vista el objeto de la verdadera adoración. Esto no era nuevo para Israel: ya venían sufriendo del mismo mal desde mucho tiempo atrás. Cuando se apartaban de la verdadera adoración, surgía la corrupción. La nación comenzaba a desequilibrarse espiritual, política y económicamente. El pueblo perdía el balance, pues perdía el centro de la adoración. En realidad, en el fondo estaban adorándose a sí mismos. En nuestros días parece ser que le brindamos honor, respeto, alabanzas y reconocimiento a todo, excepto a Jesucristo. ¿Es que habremos puesto un velo para obscurecer al personaje principal?

Hay un factor que necesitamos asimilar bien. El centro de la adoración no somos nosotros, con nuestra música, coros y nuestra predicación. Todo esto, aunque es necesario en el culto, no es la esencia de la adoración. La verdadera adoración debe ser Cristocéntrica. Con esto queremos decir que debe girar alrededor de la persona de Cristo. Salirse de allí no es adoración, según la Palabra de Dios. El espíritu de adoración es genuino cuando el Evangelio es parte integral de la persona que adora. *El Evangelio abarca la encarnación de Cristo, su ministerio, su muerte, su resurrección, su mediación y su segunda venida.*

La adoración se realiza cuando al contemplar a Cristo reconocemos nuestra pecaminosidad, y llegamos ante su divina presencia con gratitud y alabanzas, porque...

> *"siendo aún pecadores, Cristo murió por nosotros". [...]"Porque si siendo enemigos, fuimos reconciliados con Dios por la muerte de su Hijo, mucho más, estando reconciliados, seremos salvos por su vida"* (Romanos 5:8,10).

Este tema tiene muchas ramificaciones; el punto central es lo que nos interesa. Cuando lo principal se aclara, lo demás ocupa su lugar.

En el libro de Apocalipsis o Revelación, se describe un gran conflicto; la causa del conflicto lo motiva la adoración: *quién adora a quién.* Se nota que todos quieren adoración: el dragón [Satanás], los cuernos [los imperios], y finalmente la bestia [un poder político/religioso] que, usando la fuerza, exige adoración absoluta (Apocalipsis 13). Todos estos símbolos reflejan una desarmonía en el centro de la mente. Donde antes originalmente reinaba Dios, ahora reina lo terrenal o lo humano. Por lo tanto, la finalidad del conflicto parece ser que *la criatura quiere que se le adore, en vez de ella adorar al Creador.* ¿Quién estará detrás de estos símbolos? ¿Cómo podríamos desenmascararlo?

Es a la luz de Jesús, que resplandece desde la cruz, como podemos entender lo que está detrás del velo. Si, allí en el Calvario, Jesús está siendo odiado en vez de amado; en vez de ser alabado, es escarnecido; en vez de ser honrado, lo están crucificando. ¿Por qué presentan los humanos tan horrible espectáculo? ¿No será que hay alguien que anhela la adoración que corresponde a Jesús, y que se lanza, con todas las fuerzas del infierno, para destruirlo por causa de su celo, envidia y orgullo pecaminoso? Este enemigo no se presenta personalmente, sino que usa a los seres humanos, quienes también tienen el diabólico veneno inoculado en su ser. Ellos, sin darse cuenta, son víctimas de las mismas actitudes, pues el archienemigo les dijo una vez: *"...y seréis como Dios..."* (Génesis 3:5). Ahora, pensando que son mini dioses, las criaturas desean desesperadamente la misma adoración.

Por el contrario, Jesús vivió en la sencillez, sin palacios ni tronos, sin espléndidos ropajes, sin fachadas de arrogancia. Su vida humilde fue todo lo opuesto a lo que anhela el corazón humano. Siendo Dios, nunca exigió adoración, aunque se dejó adorar. Todo lo opuesto a la naturaleza humana caída. Los sistemas humanos buscan adoración bajo diferentes disfraces, porque son dirigidos por corazones sin Cristo.

Sin Cristo, los seres humanos no desean, ni pueden ver la terrible profundidad pecaminosa de la adoración propia. El "Yo" lucha contra cualquier fuerza que intente descubrir sus verdaderos pensamientos, motivos y deseos. Pero si esta condición no es descubierta y curada, el alma continuará siendo víctima de los engaños del mal. Vivirá ciega y desesperada por satisfacer en cualquier forma su deseo de estima propia. Esta condición es peligrosa y fatal. La solución para este conflicto se encuentra en la tierna invitación de Jesús cuando nos dice:

> *"Venid a mí todos los que estáis trabajados y cargados, y yo os haré descansar"* (Mateo 11:28).

Jesús quiere nuestro bienestar, y es por eso que vive llamándonos a su presencia; Él sabe muy bien que la única forma de sacarnos de nuestra destructiva adoración propia es mediante una estrecha relación con Él. Este es el secreto:

> "Es la comunión con Cristo, el contacto personal con un Salvador vivo, lo que habilita la mente, el corazón y el alma para triunfar sobre la naturaleza inferior."[1]

Adorar es una actitud muy solemne, determina la vida o la muerte (Apocalipsis 20:10). Ahora, permíteme preguntarte: ¿A quién adoras en lo más profundo de tu corazón? ¿Quién es el objeto de tu más ferviente adoración? Apreciado lector, asegúrate bien que sea a *Jesucristo* a quien adoras, porque el fin de todos los sistemas ocultos de adoración falsa en el corazón humano será para muerte eterna. Por el contrario, el fin del sistema de Dios es vida eterna por medio de su Hijo Jesucristo, a quien únicamente debemos de adorar con todas nuestras fuerzas.

Consideremos de nuevo la experiencia del joven ciego. En primer lugar, el joven adoró, porque reconoció a Jesús como el Ungido de Dios; segundo, adoró, no porque estuviera en un santuario, sino porque estaba delante de Cristo; y tercero, adoró, porque su actitud de humillación y gratitud fue expresada hacia Cristo solamente. Por consiguiente, la verdadera adoración se realiza cuando, en nuestro diario vivir, Jesucristo es la canción de nuestro corazón, el objeto de nuestra más dulce conversación, el centro de nuestras mejores actitudes y motivaciones. Este debiera ser el todo de la adoración, tanto individual como en conjunto:

> *"...y cantaban un nuevo cántico, diciendo: Digno eres de tomar el libro y de abrir sus sellos; porque tú fuiste inmolado, y con tu sangre nos has redimido para Dios...". [...] "Y a todo lo creado que está en el cielo, y sobre la tierra, y debajo de la tierra, y en el mar, y a todas las cosas que en ellos hay, oí decir: Al que está sentado en el trono, y al Cordero [Jesucristo], sea la alabanza, la honra, la gloria y el poder, por los siglos de los siglos"* (Apocalipsis 5:9,13).

En los versículos citados, la adoración es el resultado directo de reconocer quien es Jesucristo. Él es el que extrae el espíritu de alabanza y adoración de lo más profundo de los corazones. Esto, y sólo esto, es precisamente lo que necesitamos hoy: *descubrir, reconocer y contemplar la hermosura de la divina Persona de nuestro Señor Jesucristo*. Y sin duda alguna, como al joven ciego, nos pasará lo mismo, que al ser sacados de las tinieblas por Jesús: **¡Le Adoraremos!**

Referencia:

1. Elena G. de White, *Palabras de Vida del Gran Maestro*, (Mountain View, California: Pacific Press Pub. Ass., 1971), pág. 320.

Capítulo 12

QUIERO VERLO

"...ven, Señor Jesús"
(Apocalipsis 22:20)

Hace algunos años que mi padre murió sin haber visto cumplido el sueño de su vida, contemplar la segunda venida de Cristo. Falleció, como muchos otros que han muerto, sin poder presenciar en vida el cumplimiento de la bendita promesa del glorioso advenimiento de nuestro Divino Salvador. Ahora me corresponde a mí, como hijo, mantener viva esa esperanza y, mientras espero, deseo predicar, enseñar y compartir con mis semejantes la realidad del maravilloso regreso de Cristo.

Pero a veces me pregunto: ¿Me pasará a mí igual que a mi padre? ¿Moriré sin verlo venir? ¿O serán mis hijos o mis nietos los que verán cumplida esta promesa? A veces pienso que sí y otras veces que no. De todas maneras, un día sucederá y, mientras tanto, yo disfrutaré hoy de todas las cosas bellas que Cristo me ha estado enseñando de su admirable Persona, las cuales tranquilizan mi espíritu ansioso de verlo literalmente un día. Cuán hermoso será para mi padre y también para los que duermen en esa bendita esperanza, que lo primero que verán al resucitar será el rostro de su amado Salvador... ¡Oh Señor, yo también quiero verte!

No cabe duda que la segunda venida de Cristo es *"la esperanza bienaventurada"*, es decir, *"la esperanza más feliz"*, ya que en ella se encierran todos los anhelos más fervientes que pudiéramos tener en esta vida. Tenía mucha razón el apóstol Juan cuando, exiliado en la isla de Patmos por su fe en Cristo, clamaba: *"Ven, Señor Jesús"* (Apocalipsis 22:20). Es éste el mismo Juan del cual las Sagradas Escrituras nos dicen que *"Jesús [lo] amaba mucho"* (Juan 13:23). ¿Cómo no anhelar ver y estar con Aquél al que tanto se ama? Estoy seguro de que en los tiempos de Juan vivían otros que sentían lo mismo. Jesús significaba tanto para ellos que la apreciación de su persona estaba fuera de lo común. Sin duda alguna, Él era para ellos la melodía de sus almas, la razón de sus vidas, el latido de sus corazones, el aire de sus pulmones, el todo del todo y por el todo.

También el apóstol Pablo dejó registrado ese mismo sentir. Allá en sus días, mientras esperaba a Cristo, decía:

> *"Luego nosotros, los que vivimos, los que hayamos quedamos, seremos arrebatados juntamente con ellos [los resucitados] en las nubes para recibir al Señor en el aire, y así estaremos siempre con el Señor"* (1ª Tesalonicenses 4:17).

Pablo fue extraordinario en su amor por Cristo tanto que se atrevió a decir:

> *"Y ciertamente, aun estimo todas las cosas como pérdida por la excelencia del conocimiento de Cristo Jesús, mi Señor, por amor del cual lo he perdido todo, y lo tengo por basura, para ganar a Cristo"* (Filipenses 3:8).

¿Cuántos Pablos y Juanes existirán hoy día? ¡Qué hermoso sería ser uno de ellos! Por la gracia de Cristo podemos serlo.

Apreciado lector, ahora quiero que dirijas tus pensamientos a algunos puntos sobre esta temática que considero de vital importancia. Por supuesto, hago las siguientes observaciones con el temor de Dios, esperando que asimiles el sentimiento que encierran. Y si tu corazón y el mío laten con la misma intensidad, tendremos que exclamar: ¡Bendito sea su Santo Nombre!

ANSIAS DE SU PRESENCIA

1. Cristo es más importante que las señales.

Parece ser que la historia se repite. A veces los cristianos confundimos lo principal con lo secundario. Por supuesto, debemos mantener todo en la balanza; pero conservar dicho calculo nunca ha sido fácil para el ser humano. Para comprender esta realidad, debemos dirigir nuestra atención a la historia de los creyentes en Dios antes de la primera venida de Cristo. Los israelitas, profundos escudriñadores de los libros sagrados, podían mostrar con precisión los acontecimientos proféticos; sin embargo, estaban tan concentrados en los fenómenos terrenales que se olvidaron hacia quién las señales indican. ¡Pobrecitos! diríamos nosotros hoy; pero si somos honestos con nosotros mismos, tendríamos que concluir que nos está pasando exactamente lo mismo.

Hoy, al acercarnos rápidamente al final del siglo XX, en medio de eventos naturales catastróficos, descomposición social, cambios políticos/religiosos, desequilibrio económico, enfermedades incurables y tantas otras cosas más que nos absorben la atención, podemos escuchar a muchos creyentes dar el último informe y con lujo de detalles de todos estos sucesos. Y eso no es todo; los escritores sensacionalistas, aprovechando la tendencia humana de satisfacer la curiosidad que crean todos estos acontecimientos apocalípticos, mantienen el mercado saturado de esta literatura, apartando en los armarios del olvido los libros de la vida y obras de nuestro Señor Jesucristo. Parece ser que quisiéramos conocer más de todo eso que de la misma Persona de Jesús... ¡Qué tristeza!

¿Qué es lo que está pasando? Parecería que Cristo fuera una opción en el pensamiento humano. Si somos cristianos ¿cuál debería ser el tema que sobreabunde en nuestra literatura? Cristo, sin duda alguna ¿no es cierto? Pero en realidad hay mucho que desear. ¿Por qué sucede esto? La Palabra de Dios nos da la respuesta: *"De la abundancia del corazón habla la boca"* (Lucas 6:45). Con razón nos revela la Palabra de Dios que es la ausencia de Cristo en los corazones lo que ha causado este desajuste. Pregunto ¿de qué nos vale conocer las señales de los tiempos si desconocemos experimentalmente a Cristo?

En la historia cristiana existió una persona que sí mantuvo un buen equilibrio en este asunto. Él estudió las profecías que anunciaban la venida de Cristo, y al mismo tiempo Cristo era la pasión de su enfoque y su meta. Me refiero al predicador pionero del advenimiento durante la mitad del siglo XIX, Guillermo Miller. Los siguientes pensamientos nos revelan la profunda convicción que lo sacudió al descubrir la inefable belleza de Cristo:

> "Dadme a Jesús y el conocimiento de su Palabra, dadme fe en su nombre, esperanza en su gracia, interés en su amor y dejadme vestir con su justicia. El mundo podrá seguir deleitándose con todos los títulos más sonoros, las riquezas de su vanagloria, las vanidades heredadas y todos los placeres del pecado y esto no será más que una gota en el océano. Sí, dejadme tener a Jesucristo y desaparecerán los placeres terrenales. ¡Qué gloria nos ha revelado Dios en el rostro de Jesucristo! En Él converge todo el poder. En Él mora todo el poder. Él es la evidencia de toda verdad; la fuente de toda misericordia; el dador de toda gracia; el objeto de toda adoración y la fuente de toda luz, y yo espero disfrutarlo por toda la eternidad".[1]

Quiera Dios ayudarnos a mantener un enfoque centralizado en Cristo mientras miramos las señales, y así evitaremos que nos suceda como le ocurrió a la gente del tiempo de Cristo. Ellos, desafortunadamente, conocían más los acontecimientos que iban a rodear la venida del Mesías (el Cristo) que al mismo Mesías, y cuando Él llegó al escenario humano no lo reconocieron: *"A lo suyo vino, y los suyos no le recibieron"* (Juan 1:11). ¡Qué lamentable experiencia!

Cada señal debería dirigir nuestra atención hacia Él. Así como Simón y Ana, quienes veían las señales y pedían al Espíritu Santo que les permitiera ver la consolación de Israel, y se les concedió ese deseo (Lucas 2:25-26,36-38). Afirmo y reafirmo: **Cristo es y será el ser insondable, maravilloso y encantador que motive todo estudio profético.** Nuestra vida entera no sería suficiente para contar la sublimidad que encierra su ser. Él es un personaje de tantas dimensiones maravillosas que ni en esta vida ni en la venidera alcanzaríamos a expresar todo lo que Él es.

La razón de nuestra existencia no es meramente considerar lo que nos afecta interiormente o alrededor nuestro, sino considerar lo que Cristo es, y lo que Él significa para nosotros. Deberíamos, pues, ser la gente que más testifique de Cristo en la tierra. Cristo es un personaje tan extraordinario y sublime que el apóstol Juan dice:

> *"Y hay también otras muchas cosas que Jesús hizo, las cuales, si se escribieran una por una, pienso que ni aun en el mundo cabrían los libros que se habrían de escribir. Amén"* (Juan 21:25).

Si seguimos el razonamiento de Juan, tendríamos que concluir entonces que la razón por la cual se escribe o se habla poco de Cristo se debe a que no comprendemos bien las cosas que Él quiere y puede hacer en nosotros. Tenemos poco que decir de Él porque vivimos alejados de Él. Nuestra vida, por causa de nuestra incredulidad, no es tocada por su infinito poder. Si le permitiéramos a Él obrar hoy en nuestra vida, nuestra testificación verbal y escrita sería más abundante.

No quisiera dejar la impresión que conocer las señales de los tiempos no es importante. Ellas nos ayudan a definir la hora en la cual vivimos y nos alertan de la proximidad de la venida de Cristo; pero deben ser solamente el trampolín que nos lance al estudio fascinante y transformador de la vida y obra de Cristo. Y, por ende, siempre debemos conocer más de Cristo que de las mismas señales. Por otro lado, también quisiera indicar que mientras miramos las señales exteriores, también es muy importante que concentremos nuestra mirada en las señales interiores, las del corazón. Sí, allí también existen señales que nos indican que Cristo está muy cerca, y creo que lo indican con mayor exactitud.

El Espíritu Santo nos motiva constantemente a comprender las señales más reveladoras de la venida de Jesús. Son aquellas actitudes que van en aumento a medida que se aproxima la llegada del Señor a esta tierra, tales como: *la confianza propia, la independencia propia, la suficiencia propia y la adoración propia.* Todas estas señales surgen de nuestro corazón orgulloso y egoísta. En este aspecto de nuestra vida necesitamos mucha cirugía divina, ya que son estas señales las que muchas veces nos negamos a aceptar. Si notamos una de estas señales en nuestro interior, no nos detengamos en ella, inmediatamente dejémonos atraer por la ternura infinita que emana de la cruz, donde se encuentra nuestro socorro, **Jesucristo.**

Una vez que veamos estas señales proféticas en nuestro interior, nuestro mayor esfuerzo mental debería ser dirigido al estudio de la persona de Cristo. Él es el único que puede ofrecernos seguridad en nuestro mundo turbulento, sanidad a nuestro ego enfermo, y certeza a nuestro futuro incierto. Y a medida que estudiemos su hermoso carácter, nuestros corazones serán enternecidos y subyugados por la grandeza de su amor. Llegaremos a apreciarlo más y más, al punto que lo terrenal no será ya nuestra mayor prioridad, sino que Él llegará a convertirse en el todo de nuestra vida. Si lo hacemos así, quizás concluiremos como dijera el poeta cristiano Pedro Calderón de la Barca (1600-1681):

> **¿Qué quiero, mi Jesús?... Quiero quererte,**
> Quiero cuanto hay en mí, del todo darte,
> Sin tener más placer que el agradarte,
> Sin tener más temor que el ofenderte,

Quiero olvidarlo todo y conocerte,
Quiero dejarlo todo por buscarte,
Quiero perderlo todo por hallarte,
Quiero ignorarlo todo por saberte,

Quiero amable Jesús, abismarme
en ese dulce hueco de tu herida,
Y en sus divinas llamas abrasarme,

Quiero, por fin, en Ti transfigurarme,
Morir a mí, para vivir tu vida,
Perderme en Ti, Jesús, y no encontrarme.

Realmente, los pensamientos del poeta son muy significativos e inspiradores. Encierran una esfera espiritual muy profunda que debería ser la ansiedad de cada creyente que vive en el tiempo del fin.

Ahora pasemos a otro punto que debe ser considerado con especial atención.

2. Cristo es más importante que el mismo Cielo.

Existe una tendencia a mirar la venida de Cristo como el final de nuestros sufrimientos humanos. Miramos el Cielo como un mecanismo de escape de las miserias de este mundo. Todo eso es verdad y realmente consolador. Pero pregunto, ¿será esto el todo por lo cual queremos que Cristo venga? Si esto es así, volveríamos al mismo punto de partida, dar satisfacción a nuestro cuerpo, evitándole dolores. El verdadero amor de Cristo está por encima de todo esto. Aun el Cielo sería horrible sin Cristo. Él es el máximo deseo del corazón. Su amistad es la satisfacción del Cielo y la vida eterna. Deberíamos desear su venida como el encuentro permanente con Él, cuando ya no habrá más separación de su hermosa presencia.

Quiero verlo

A veces en esta vida nos desconectamos por momentos de Él, y ¡qué horribles se vuelven esos momentos! En realidad nuestro distanciamiento de Él nos causa complejos, depresión, temor, inseguridad, soledad, vacío y otros insoportables trastornos psicológicos. Pero cuando concentramos nuestra mirada en Él, todo cambia en un instante. Un minuto fuera de Él nos parece un siglo, pero el reencuentro con Él sacia nuestra hambre y sed de vivir de nuevo. Podríamos decir, sin temor a equivocarnos, que aun en esta vida presente podemos disfrutar de su segunda venida. Es como si la eternidad se hiciera realidad ahora mismo. Creo que tiene sentido el pensamiento que dice: *"el Cielo está donde está Cristo"*.

Al concluir estas observaciones, deseo animarte a que mientras vivas mires a Jesús y solamente a Jesús. Contémplalo en todas sus facetas: Su vida antes de venir a esta tierra, su nacimiento, su ministerio, sus enseñanzas, sus sufrimientos, su muerte, sepultura y resurrección, su ministerio intercesor y su segunda venida. Lee la Biblia y cualquier libro devocional que dibuje el cuadro precioso de Cristo para encontrarlo. De esa manera tu anhelo *"Ven, Señor Jesús"* será más importante que las mismas señales. Así tu amistad íntima con Él será lo que satisfaga tu vida presente. Y mientras observas lo que está sucediendo a tu alrededor y en el interior de tu alma, Cristo será lo que más deseas ver. Finalmente, la necesidad de verlo se hará muy pronto una hermosa realidad. Él nos ha prometido:

> *"...**vendré otra vez; y os tomaré a mí mismo**"* (Juan 14:3).

Esta expresión *"y os tomaré a mí mismo"* indica que tú y yo estaremos tan identificados y tan compenetrados con Él que nos perderemos en su divina persona. ¡Qué hermoso será esto! ¡Alabado sea su Santo Nombre!

No olvides que siempre existirá una tensión inevitable entre el presente y el futuro, eso es parte de la realidad humana. Pero mientras le esperamos, disfrutemos ahora al máximo su presencia; aprendamos a verlo ahora en el interior de nuestras almas para que cuando llegue ese glorioso día de su venida literal, entonces nuestra vista será totalmente saciada para siempre y podamos decir: **"¡Por fin mis ojos han visto tu salvación! ¡Bienvenido Jesús!"**

Referencia:

1. James R. Nix *"Give Me Jesús,"* Review and Herald, (Jan. 6, 1994), pág. 13.

Conclusión

Generaciones vienen y generaciones van. Así es la realidad humana; cada persona vivió sus deseos, y si no, por lo menos intentó satisfacerlos. Así será tu generación y la mía. Por ahora nos toca a nosotros vivir nuestros deseos de amar y ser amados, dejar una descendencia, estudiar, trabajar, viajar, comer, beber, divertirnos, alcanzar nuestras metas profesionales, tener éxitos materiales, etc. Y así llegaremos al ocaso de nuestra existencia con algunos deseos realizados y otros quizás no. Siendo que estamos compuestos de un sinnúmero de deseos, pregunto: ¿Cuál será el mayor deseo del corazón humano? Muchos pasan por la vida malgastando su existencia, sin descubrir el deseo por excelencia.

En este instante, apreciado lector, ¿qué es lo que más quieres tú de la vida? ¿Cuál es la pasión de tu existencia? En mi caso he tratado de describirte lo que más quiero de ella. Es descubrir y conocer íntimamente la persona que ha dicho:

> *"Yo soy la luz del mundo; el que me sigue, no andará en tinieblas, sino que tendrá la luz de la vida "* (Juan 8:12).

Esta declaración salió de los labios de nuestro Señor Jesucristo. Algunos se preguntarán ¿cómo se atreve Él a decir que es la luz de nuestra vida? ¿Será ésta una declaración abstracta, sin impacto real para la vida presente y cotidiana? ¿Sería Él un fanático religioso para hacer tan atrevida declaración? Yo creo que Jesús dijo una verdad absoluta. Entonces surge otra importante pregunta: ¿Pretende Jesús saber más que los psicólogos, sociólogos, filósofos, educadores, políticos y religiosos de hoy? Él afirma que sí al declarar:

> *"El ladrón no viene sino para hurtar y matar y destruir; yo he venido para que tengan vida, y para que la tengan en abundancia"* (Juan 10:10).

La vida que Jesús brinda tiene que ser diferente y mejor a la que los humanos educados recomiendan. Él se presenta a nosotros como nuestra única alternativa. Nos pide que confiemos en Él para todo, y si no lo hacemos, de seguro andaremos y viviremos literalmente en tinieblas. ¿Cuáles tinieblas? Todas. Las espirituales, materiales, emocionales, familiares, educativas y demás. Sin Él, todas las motivaciones, propósitos y sistemas de valores de la vida están distorsionados, y por ende en oscuridad.

Martín Lutero, al describir las suficiencias incalculables de la persona de Jesucristo, dijo:

> "Porque en la persona de Cristo está todo, y sin el Hijo, todo está perdido. Por lo tanto, no es un asunto pequeño, *que sin el Hijo no hay nada que buscar y nada encontraremos ni en el cielo, ni en la tierra porque todo está perdido*".[1]

Esta es la realidad: no hay nada más importante en esta vida que desear y tener a Cristo; en Él están todas las riquezas que nuestra alma busca y necesita. **Si Él vive en ti y en mí, su gracia, su justicia, su paz, su vida y su salvación serán nuestras, pues Él es todo eso... y más.** Por lo tanto, decir *"quiero"* no es un deseo en vano si Cristo es el deseo máximo de nuestra vida, ya que éste será el único deseo que perdurará por toda la eternidad, porque todos los demás desaparecerán, así como la flor del campo que hoy es y mañana no será más.

Estimado lector, quiero invitarte a unirte conmigo en querer *desearlo*, así como también lo desearon los escritores bíblicos y los cristianos genuinos de todas las edades. Recuerda: ***Tener***

a Jesús es el ansia mayor del corazón, el deseo real por excelencia que, en contraste con otros anhelos, éstos resultan insignificantes ante su arrobadora presencia. *No permitas que este anhelo superior quede insatisfecho; experiméntalo y vívelo al máximo de tus fuerzas mentales.* Te aseguro que al terminar tu peregrinación en esta vida, dejarás la mejor herencia que podrás dejar a tu próxima generación*:* ***Jesucristo.*** **Pues sin Él, la existencia sería como el universo sin planetas y sin estrellas.**

Al concluir, dejo para tu meditación, en forma de prosa, mi sentir en cuanto a Jesús:

¿QUÉ TIENES MI JESÚS?

Jesús, ¿qué tiene tu persona,
que me cautiva,
subyuga y enternece?

¿Qué tienes que me llamas tanto la atención,
que al escuchar tu nombre
agrada mi oído y necesitado corazón?

¿Qué tienes que al pensar en ti
la tormenta de mi ego
se tranquiliza en mí?

¿Qué tienes que al escuchar
la música y el canto dirigido a ti
mi alma se traslada a una atmósfera inspirada en ti?

¿Qué tienes que me fascina leer
literatura de tu personalidad,
tus obras, tus enseñanzas y tu peculiaridad?

¿Qué tienes que al encontrarme
con alguien que te conoce de verdad
mi corazón es atraído a esa persona,
sin importarme de donde viene y hacia dónde va?

ANSIAS DE SU PRESENCIA

¿Qué tienes que se me hace pesado
escuchar una exposición verbal sin ti,
y me parece que nada se ha dicho edificante para mí?

¿Qué tienes que si predico y enseño sin ti
me parece haber entretenido a la gente
en vez de haberla convertido a ti?

¿Qué tienes que aun mis pensamientos
y mis palabras te desean comunicar
y mi escribir te desea revelar?

¿Qué tienes que si la religión no habla de ti,
me parece sin sentido, sin visión y sin
propósito para mí?

¿Qué tienes que la educación académica sin ti,
me parece hueca y sin sabiduría para mí?

¿Qué tienes que a veces noto
que eres controversial para los religiosos,
y cautivador para los pecadores dudosos?

¿Qué tienes que me causa tanto
deseo ver tu rostro invisible,
aun sabiendo que existes en lo incomprensible?

¿Qué tienes que te deseo más que el oro,
y más que las bellezas humanas exteriores?
¿Qué tienes que deseo perderme en ti
para jamás encontrarme a mí?

Contéstame **Jesús** si quieres, y si no,
me conformaré con el *amor incondicional*
con que tanto me *quieres*.

—Manuel Fernández

Conclusión

Referencia:

1. Citado por Don Matzat, *Christ Esteem,* (Oregon: Harvest House Publishers, 1990), pág. 215.

¿Deseas leer otros libros para enriquecer tu vida y amistad con Jesucristo?

Adquiere las siguientes obras devocionales del Pr. Manuel Fernández, en Amazon.com

JESÚS, LA FRAGANCIA DE LA VIDA, te presenta la realidad vivencial de nuestro Señor Jesucristo.

EL VERDADERO CRISTO, una apología (una defensa), donde se establece a Jesucristo como el centro de la fe cristiana.

APASIONADO POR CRISTO, es un volumen de todas sus obras. (También está disponible en inglés: ***Passionate for Christ***).

Si desea copias adicionales de este libro y de las otras obras del Pr. Manuel Fernández, use a: **www.amazon.com.**

Todos los fondos recibidos por medio de los libros serán utilizados exclusivamente para ayudar a estudiantes necesitados de nuestra américa latina, que desean prepararse para servir en la obra de Cristo. Para más información, visite nuestra página: **www.futurosmisioneros.com.**

Si desea comunicarse con el Pr. Fernández, escribe al correo: ***jesus1888@juno.com*****, o llame al: 863-399-0135.**

Made in the USA
Middletown, DE
16 September 2021

48433473R00070